12 Random Words

12 Palabras al Azar

A Bilingual Collection

FABIANA ELISA MARTÍNEZ

Talk-Active LLC
Dallas

Well… yes. But *Don Quijote* seems a lot like Cervantes, and our present reality would not be the same without many works of fiction. So some fiction in this book might be part of reality or may affect it at a later time. Who knows…

Library of Congress Control Number: 2016902308

ISBN-10: 0-9971497-0-1
ISBN-13: 978-0-9971497-0-8

DEDICATION

To my parents, Elena and Manuel, who gave me strong roots and big wings. I came to understand that the stronger your roots, the farther you can fly. Thank you for telling me the meaning of words and for never forbidding me to read a book I wanted.

To Robert, partner, accomplice, guardian angel and husband, who loves me so much that he always gives me the right answers and never asks me the wrong questions.

To those who, in some way or another, inspired these stories. If you find yourself in this book, know that you also live in my heart.

DEDICATORIA

A mis padres, Elena y Manuel, que me dieron raíces fuertes y alas grandes. Comprendí que cuanto más fuertes son las raíces, más lejos se puede volar. Gracias por darme el significado de las palabras y por nunca prohibirme un libro que quisiera leer.

A Robert, compañero, cómplice, ángel guardián y marido, que me ama tanto que siempre me da las respuestas correctas y nunca me hace las preguntas equivocadas.

A todos aquellos que, de una u otra manera, inspiraron estos cuentos. Si se ven reflejados en este libro sepan que también viven en mi corazón.

I believe that reading in a foreign language is the most intimate way of reading.

Jhumpa Lahiri, "Teach Yourself Italian." *The New Yorker*

Perhaps I have a narrow view of things, but to me, an artist is someone who adds to the beauty in the world, he shouldn't take away from it.

Jonathan Coe, *Expo 58*

…envolver-se com os problemas de compor um libro é uma boa maneira de evitar ficar pensando no amor.

Orhan Pamuk, *Neve*

Si tu vida es pelear para alcanzar lo que sabes que no puedes tener. Ese es el veneno. Te persigue lo que no alcanzas.

Rafael Chirbes, *En la Orilla*

Build me that building, and I will write you a book.

T. Bell, *Ta Maîtresse*

CONTENTS / ÍNDICE

12 Random Words

QUITTING

On Friday, April 27, 1953, at 9:35 in the morning, Aldo Palando decided to quit. It was a gray morning as mornings usually are in Lima. Aldo looked at the eternal clouds through the cracked window pane without being certain whether their image was real or was just an overlapping reflection of the many gray mornings that he had admired for the last 57 years.

The day had started as metronomically as always. Aldo opened his eyes at 7:18, not a minute before or after, got out of his narrow bed on the right side, took a scalding shower without any solidity of thought, dried himself furiously with his rough old towel, and headed to the kitchen for breakfast.

He spent around an hour staring in his mind at the strange and intrusive thought that had decided to bother him today of all days: quit everything, cease everything, stop the world.

Aldo Palando was not a cultivated man. He had not read *Bartleby*, or any novel for that matter. He liked to listen to soccer games on the radio, but lately he could not decipher whether his mind was attending to the one occurring at that very moment or to a panorama of games that had already happened. It was a little like the clouds. And he did not know how to share this concern with anybody. He was not a good talker. Better to let things unfold of their own accord. In the end, nothing is as important as it seems in the beginning, he thought, so why bother trying to put in words what was going to be forgotten so soon?

After contemplating his new thought of the day, Aldo grabbed the newspaper that someone had left on the wooden table. That someone had neither face nor name. But the solid fact of the newspaper on the table gave that someone the credit. So he shuffled through the pages. He did not care to look at the date on the paper. Whatever the news, it merely described a faraway world too complicated to be understood. To look at the pictures and the illustrations was easy enough.

At 9:35 Aldo folded the newspaper, got up, took the chipped cup to the marble sink and enumerated the five steps needed to put his decision into action, five steps before the end: look up, walk to the glass door, open it, walk to the *huaranhuay* tree, and sit down under the sweet shadow of its late amber flowers.

And so he remained under the tree, protected from the steel reflections of Lima's sky. However, to quit in such a radical and definite way is not easy. Aldo Palando did not know it, but of all of the horrors of the Olympic punishments, the worst is not being able to quit. Sisyphus forever pushes his rock but must watch it roll back, Damocles always knows the impending sword might fall, and poor Prometheus endures the daily tearing of his bowels by the unsatiated eagle. Eternity is a dreadful punishment most of the time.

Aldo did not suffer such pains and anxieties under the tree. It was his challenge to remain still when a bee approached his yellowish shirt. The other difficulty was to shut down his senses willingly. He could close his eyes and shut his mouth and bring his hands and skin to numbness by just not moving. But he still sensed the aroma of the tree and could hear people walking around him. He knew that he had been quitting under the tree for a considerable amount of time when murmurs and movements broke the stillness of the air. Some men had started gathering around and looking at him. Other were hurrying back toward the glass door.

Ana Amancay straightened her starched white cap. She helped her last man to the chair and counted. She counted again to be sure. She had done the same thing every day at noon for the last year, but it felt like a game trying to catch him for once quitting his routine.

Once she confirmed that her count was as it always had been, Ana marched to the door trying again not to stain her immaculate *zapatillas* in the humid soil. The gray light from the sky darkened the cross on her chest.

"*Aldo, mi amor, que el almuerzo está listo. Mañana regresas a tu arbolito.* Aldo, my darling, lunch is ready. You can return to your little tree tomorrow," she said with a smile, offering her hand.

OPPORTUNITY

"Here we do not call them Fred and Barney. They are *Pedro* and *Pablo*," she says using her fork as if indicating one, then the other. I nod.

"Flintstone and Rubble?" I ask, trying not to smile too much.

"No..." she replies with serious eyes as if handing over an unexpected gift. "*Pedro Picapiedras* and *Pablo Mármol.*"

By now I expect as much, although a smirk still tries to emerge. By now I know her. She can talk about anything, and everything glimmers with some minute fascination for her. Don Quixote and Donald Duck can both reveal her fidelity to precision. What are fragments of trivia for others become bridges that turn scenes into stories, episodes into themes. Even things of apparently no interest to her—like sports or card games or politics, whose blatancy confounds her—are at least opportunities for a treasure hunt. At first I knew my job held no interest for her, and that had been fine with me. She didn't have to like what I did at the office. She knew the system and could help me succeed.

So when I met her, I played my usual cards: a young professional (though ten years her senior), an impressive resume, international experience. She didn't seem to care. It was disorienting because that strategy used to work and still does with most people. But when I mentioned that she had mispronounced Lichtenstein her curious eyes stopped for a moment to look at me with genuine interest. My disorientation faded as I taught her how to say it correctly. Later, with a hand over her mouth, she concealed pleasure when I evoked some detail or other of Greek mythology. Unpacking my mind's other trinkets or artifacts, as the case may be, proved that this would be the way. This would be my path to her.

And here we are at our second business lunch. The invitation had sparked some reluctance. Why take her to these expensive restaurants full of executives? But new magic would work. "To celebrate," I said. "To celebrate what?" she deflected, stuffing her many papers and books into her briefcase. "That I was able to give the presentation entirely on my own, as you promised. People congratulated me. You won the bet."

At our first lunch she had been nervous, almost clumsy. Clearly, she wasn't used to upscale places. A savvy friend might have made her cautious: "Are you sure he's not looking for something else?"

But this time she is unruffled. She's relaxed and has controlled her rebel mane of auburn hair. She hesitates slightly when I suggest the *carpaccio* but lets me order. She is brave. I'm taking charge.

And while a stubborn caper avoids her attempts, she teaches me Fred and Barney's names in her native language. She translates Gomez Addams and Bruce Wayne, and makes me guess who the *Supersónicos* are.

The trivia lesson is over but I continue looking at her. My coercive smile melts into something unplanned, something disconcerting, something unfelt and forgotten for at least a decade at home with the person I will sleep next to tonight.

As I look into her eyes, my new ally looks back at me

unaware of her quiet beauty and my silent intentions. I know I will kiss her sooner or later, after this lunch, or maybe two years from now. Never judging, always cherishing me. A new redeemingly breakable heart, accepting me, admiring me. Oh, God, what an opportunity!

SIGNS

March 4th

When the second cousin of the President buys the building across from your new condo to move in his rap radio station, you know something is going to go wrong. That is what I thought that bright morning while I read the paper and waited for my coffee to be ready. I always liked to read the small stories first. I don't have an explanation for it. Perhaps it is because I am afraid that the top stories have been through a deep process of censorship while the reports at the bottom of the page are a little more protected against the editor's hunger for correctness and shallow compliments.

I bought my place, my bachelor haven, three months before, after looking all over the city for that unique space that would define my private life for many years to come.

In my country you are lucky to buy a place to live, and many times you are just buying the few square meters where they will find you dead some decades later. That's it.

The old building was on a crowded avenue and I was on the eighth floor facing the even older façade of a decrepit cinema house that sporadically became a temple for whichever enlightened guru decided to open a church and close it later because of lack of funds and followers.

At the end of summer I still could open the windows, look at the two eroded gargoyles guarding the old cinema and feel at home. At last.

May 29th

On my way home I almost tripped over one of the gargoyles' heads. My first thought was that my poor old friends had decided to take a suicide leap given the prospect of their future existence profaned by the blare of rap. Then I realized that their ears were already too worn out to hear anything and the monsters' fall had not been poetic at all. The workers had cleared space to put up the sign.

September 21st

The radio station opened its doors unleashing a party that cut off the avenue and kept the street awake all night long. The highlight of the event took place at 2:00 am: the inauguration of the first non-stop, gigantic, interactive, psychedelic display panel that would impose on the world the goings on inside the studios of the building. "Radio to Be Seen," was the motto and the first phrase that I read from my window. When I shut my old balcony doors I was struck by the cruel sign of my future defeat: the shaking glass, a transparent mass vibrating to the rhythm of a deafening sound.

December 27th

By Christmas I knew I had lost the battle. No reinforced glass, no heavy curtains, no solid shutters would insulate me from the infernal sign. By then, only three apartments were occupied in my building. Most of the previous neighbors had accepted the meager offer of the radio owner. The two who remained were about to give up, and I was the last one without a plan. Where I am from, you don't trust the authorities, least of all if the second cousin of the main authority is pushing you to madness.

December 31ˢᵗ

I have not slept or eaten for the last three days. I have been sitting in my living room looking at the sign through my rattling windows. I am waiting for the party that will start at 11:00 pm. They'll shut down the street again. I wish the gargoyles could see me now.

January 1ˢᵗ

News from the Glorious Country, page 29, bottom right.

...are still trying to find the reasons that could have pushed a healthy man to jump out of the 8th floor of his apartment building as hundreds partied below. No one of the people attending the event, among whom was the beloved daughter of our President, was hurt as a consequence. The note found in the deceased's left hand read: I wish I had your eroded ears, my friends. *Another inexplicable mystery that will remain unsolved.*

COLORS

I'm going to color this whole book orange. I don't care. Mommy says girls like pink. I don't like pink. And I don't want to wear out my pink crayon. I'm going to keep it forever and give it to my granddaughter when I am old and wrinkled like Granny.

Mommy says I'm supposed to use more than one color. Green for the grass, yellow for the sun, and blue for the water. But she's wrong because one time the sun was black and Daddy covered my eyes and said not to look at it with my naked eyes. I never wear clothes on my eyes so I don't know why Daddy told me that. Grown-ups say stupid things but not my Daddy. Granny is my Daddy's mommy and Granny doesn't say stupid things either. Grown-ups say stupid things all the time.

Aunt Vivi is a grown-up but she's not stupid. I like her very much. I don't like it when she fights with Daddy. Aunt Vivi says bad words. She doesn't care. Mommy says girls shouldn't say bad words. When I grow up I'm going to say bad words just like my Aunt Vivi. And I'm going to wear make-up like she does. She puts make-up on me. It's our secret. Blue on my eyes, red on my cheeks, and pink all over my lips. Mommy says little girls don't wear makeup. I don't care what she says. She doesn't know about make-up like Aunt Vivi does. My Aunt Vivi says I look pretty with make-up. She says the nuns at my school don't look pretty because they don't wear make-up. Aunt Vivi doesn't like nuns. I think the nuns at my school are OK, but I don't tell Aunt Vivi. I don't like the nuns who never ever smile and they always tell us to be *good girls* all the time. All the time! Daddy says I have to be a smart girl. He says *there is no merit in being beautiful because that is the way God made you.* He always gets serious and then he says *being smart is something you achieve.* When I'm a grown-up I'm going to be smart too because God made me beautiful. I am not going to be a nun!

Everything is going to be orange. And I'm going to cross out all the pictures I don't like. I don't like this one with a stupid lady in the kitchen. She has an apron and a frying pan. I don't like her short hair and I'm going to color her

16

orange all over. I don't care about the lines. Orange for the oven, orange for the fish, and orange for her stupid face. I'm going to press so hard I'm going to make a hole in her dress. There!

My friends' mommies work but my mommy doesn't work. All she does is cook. She cooks a lot of gross things like beets. Beets are purple and I don't like purple food. I hate beets. I like sweet potatoes. I want to eat sweet potatoes every day. Granny makes sweet potatoes for me. They are black on the outside and I have to be careful because they are hot. Sometimes they are yellow on the inside and sometimes they are red on the inside. Granny doesn't make me eat beets and her food is better than Mommy's. Granny and Mommy never fight. They said *we have a lot of respect for each other.* Mommy thinks I don't know what respect means. Respect means you don't like somebody but you don't tell them you don't like them. I respect the nuns at my school.

I'm going to respect Celia. I just met Celia this morning. She let me play with her dolls on her coffee table. They were black and yellow and red. I wanted to take the little tiny one because Celia wouldn't know if I took it. The little tiny one goes inside the bigger one and you wouldn't know if it was gone. All the dolls go into a bigger doll. Celia gave me the big doll and showed me how to open it. She is nice. I didn't take the little tiny one. I didn't want Celia to be sad. She gave me a big hug like Aunt Vivi gives me.

Daddy always takes me to the park on Saturdays. He makes me spell words. He says I am going to be very smart because I know how to spell words. Words that have many h's are really hard to spell.

We didn't go to the park today. Daddy wanted to do something new. I said OK. I like surprises from Daddy. The dolls were a surprise but they are not mine. They have to stay at Celia's house. Celia works at Daddy's office. We stayed at Celia's house for a long time. I had to play with the dolls for a long time. I wanted to go home but Daddy told me to be a good girl and to wait in the living room.

Mommy said hello when we got home. I didn't want to say hello to Mommy. She is cooking. She is probably cooking beets. I'm going to stay in my room and color. I'm going to color this whole book. I'm going to color every page. I'm going to color every page orange all over. Cross out everything. All over.

DOOR

> In the midst of the great natural barbarism, human beings
> sometimes (rarely) were able to create small, warm places
> irradiated by love. Small, enclosed, reserved spaces where
> intersubjectivity and love reigned.
>
> Michel Houellebecq, *Les Particules élémentaires*

*"Take any yellow cab from the airport. My address is 37 West
72nd Street, Apt. 9C. You'll pass that dreadful corner where Lennon
died. The entrance has three arches underneath a huge balcony, to me
more moorish, not really baroque. I'll be waiting for you on November
5th. I'll leave a set of keys with the porter. The bronze one is for the main
door. The blue one is for the apartment. I'll lock only the upper bolt (the
lower one is a little problematic). You need to turn the blue key
counterclockwise to open the door. Be patient. It's a temperamental lock
and your moves will feel counterintuitive. Once you turn the key, push
hard! I promise you'll at least have some white in the fridge. I'll be there
early in the evening. Love you."*

Well... Here you are. Put your suitcase down. Are you going to read the note again? Yes, you are. You know it by heart in the most literal sense. Your heart knows the note by heart.

You're blushing. Maybe you're exhausted. Maybe you're embarrassed by the way those two porters looked at you downstairs. The building seems run down, much more than you imagined over the last three months. It's darker too. How do people tell day from night in this building?

OK. This is the blue key that opens the door. Grab the doorknob. Is this faceted knob a crystal ball? Does it already know all that will happen inside? Grab it hard. Whatever your destiny is for the next seven days, you want to hold on to it. Insert the key. Turn... OK, no problem. He said it wasn't going be easy. It's odd to turn a key to the left when the hinges are on the right... Try again. Uggh! It's not even moving. Take a breath. You can't go downstairs and ask for help. The look on their faces said it all: *9C, lucky guy!* What do those idiots know? OK. Left hand on the knob, right hand on the key. Turn! Push! Don't even think about crying. Don't bang the door. That won't help, you'll just hurt yourself. You have three hours until he shows up. Plenty of time. Imagine you are inside, you've taken a shower and you are having a glass of whatever white he left for you.

Smile. See? This is the door that you will remember the rest of your life. From now on, every time you meet a stubborn lock, it will transport you to this city, to this building, with your red suitcase. No matter where you are then, you will be here now.

One more try. Another breath. Is the door's lock mocking your irrational love? Isn't it counterclockwise and counterintuitive? He gave you the key to let you into his new world, in his new city. Open the door. Barge in and try to stay.

Push! Finally! Done! Wait, is your hand OK? You're bleeding, you have a little cut. Nevermind. Where is the switch? There it is.

Wow! It's so tiny. And really dark, but so cozy. Just one room and three windows. A futon over there. That'll be a small bed. Get ready to snuggle, honey! There's most of his life lying on that table: his TV, his books, his music, and now your jacket and your purse. And this gorgeous wooden floor. Look at that cowhide rug. So sweet of him to echo the soul of your faraway city. Now you're faraway too. Closer to happiness, or to desolation. We'll see.

There's the engraving from *Notre Dame*. Oh! Those masks! They are all here, the *papier mâché* heads from Salta: the puma, the snake, the crocodile, the fox. Are you still watching us? Will you witness again our souls brought together by inevitable forces despite distance and circumstance? And you, little owl, the wisest one, watch over my seven days here in heaven.

The cold water faucet is stuck. You'd never have thought that there's something worse than a shower that's too cold, but there is: one that's too hot. You'll get burned. Isn't that funny? If the scalding water doesn't do it, this delirious love will.

Just rest. Get the wine out of this old buzzing fridge. See? He left your favorite. Just lie down on the futon and wait for him. Don't get the pillow wet with your hair. How romantic if he finds you like this. Just like in the movies, but you should be asleep. Not with your heart beating so hard, harder than you would have beaten that stubborn door.

He'll be here soon. Breathe. Smile. Relax. You will never live this waiting again. Steal this moment. Feel a window opening in your chest, much bigger and wider than the three sad windows that only look at a gray wall.

Listen! That is the elevator. Those are his steps. Lay your head on the pillow, close your eyes. The key is clicking easily and the hinges are singing. He is opening the door. He is in.

PUZZLES

Rita's incredulous eyes stared at the bottom of the box. It wasn't empty. A solitary puzzle piece in two shades of red. The problem was that the picture was already complete, and in any case there was nothing red. It had been almost fifteen years since their return from abroad, since the day when The Orchard House jigsaw caught her eye at the souvenir shop downtown. Spending some snowy afternoon putting the image together would help Tracy reconnect to her town's traditions. Tracy's other plans kept the box closed, asleep on the lowest shelf of the armoire in the downstairs guestroom until this particular Friday.

After Tracy left for college, Fridays became for Rita the hinge-day between a silent week alone and a silent weekend with Henry. After the preparatory chores of doing his laundry, fetching his dry cleaning, and placing magazines on his side of the bed in the same order that they were received, a few hours were dedicated to the day's whim. She no longer tried to remember why Henry's imminent appearance eclipsed other activities. The fact was that his presence at home no longer changed the ambience much. His weekend role for the last ten years had faded into listening to the recounting of her meticulous activities completed during his weekday absences. His travel seemed to be an endless series of meetings and business dinners. But they were relevant to the trajectory of his career and to their estate.

As far as she could recall, the box had been closed until today. Might Tracy have opened it, intending to put the famous house together and donate it glued and framed to the local library? Of course her good intentions would have melted before finishing it. Discovering the origin and destination of the orphaned puzzle piece overtook this hinge-day's whim. Its little red arms were reaching out for help against the boredom, the solitude, the silence of the empty box.

Rita contemplated the brownish house. She took a step closer to the island's marble countertop and sipped her tea. The image was complete, with its green door offering tourists a glimpse of a famous writer's past. The red orphan belonged somewhere else.

To reach the back of the armoire, Rita had to kneel down. She rescued the other puzzles left forgotten by Tracy: *States of Our Country*, *Barbie's Wedding*, *Cinderella Losing Her Slipper*. None of them wanted to adopt her orphan. Returning home, Cinderella resisted fitting into the back of the armoire like her stepsisters resisted the slipper. Rita's head had to brush the floor to see the intruder: *Peter Pan Following Tinker Bell*. Rita smiled. The feather in Peter's hat needed the two shades of red offered by the castaway in her hand. Rita opened the box.

Covered by the scattered particles of J. M. Barrie's characters was another picture, a real one, a photograph, and an envelope. Her heart raced, unbridled. Her mind raced, far behind. She sat on the floor, checked her watch, and took the photograph out of the box.

The woman was young, maybe twenty-seven at most. In the background stood the Twin Towers. Her hands clasped a blue book in front of The Sphere's fountain. Rita slowly turned the picture over in her trembling hands as if she were arranging delicate flowers. Handwriting.

Henry, I made it.

Thank you for all your teaching and trust.

Come to visit, I am waiting for you.

Love, Marian—at the top of the world.

Rita's lips almost kissed the clenched fist carrying the little red piece. If she crushed it, Peter Pan would be incomplete. Her eyes caught the envelope as she relaxed her grip. *MARvelous Music for You.* Just like that, with the M, the A, and the R capitalized. The contents spilled out into the box: a star-shaped red USB drive and a booklet. Lyrics of love songs, from The Beatles to Amy Winehouse, filled all the pages except for the last. *Thank you for our first twenty years of running the maze of love. Until next month, Marian.*

No single understandable form could make itself known to Rita. Not the light filtering through the guestroom's curtains, not the antique armoire sheltering memories, not the mirror reflecting her unanimated figure.

At the sound of a car coming down the driveway, she rearranged her hair, returned the drive and the booklet to the envelope, and covered the envelope and the photograph with Peter Pan's fragments. This time the armoire welcomed all the puzzles without resistance. She was already putting water in the kettle when Henry came through the kitchen door.

"Oh, did you piece that all together?"

Henry looked down at The Orchard House and started sorting his mail.

"Yes, finally. After all these years not even a missing piece."

Rita poured his tea with a blank smile. One hand offered the cup, the other slipped the little red piece into her blouse pocket.

"Of course I imagine it would be much worse to have an extra piece than a missing one," she added.

Henry was too lost in a catalogue to reply. Too lost to even look at his wife.

ENVY

Yes, I'll hold. Let me know when you are ready… I haven't got all day.

It was about two months ago. I approached the poor woman only because I was moved by pity the moment I saw her. *She was a new face at the school,* a rather chubby face actually. We're not used to having her type at our school. We're not used to the idea of ugliness. And certainly not shabby clothes, unless they're on the maids who are dropping off the kids. *But she wasn't one of the maids of course, the way she looked at her timid and graceful little girl with braids on her first day of school. The woman seemed so proud,* thrilled to see her mousy princess climbing the social ladder. *Oblivious to everyone else* as if we didn't matter. *So I approached her, said "hello"* with my most radiant smile, *and welcomed her to the school.* I wasn't going to respond to her rudeness with vulgar questions. *She wasn't able to accept my invitation for coffee at my house that day* of course. Some poor excuse about work or something inconvenient. Too much, too intimidating for someone like her—our gorgeous house, our fine furniture, our art, our radiating sense of beauty and balance where everyone and everything fits. *She wasn't even familiar with our neighborhood* or its ways. She was never going to find any other mom to pay attention to whatever pitiful story was behind her chubby face. Except for me.

That morning I learned that Britney, her ghostly daughter, *had received the state excellence scholarship and would be a student in the same class with Elizabeth. Yes, my daughter Elizabeth. Lizzy. Apparently Britney had some health issues,* serious food allergies, seizures, those kinds of things, *that made her mother anxious. However, Britney* Little Miss Thick Braids *overcame those difficulties* typical for lazy people without money *and won the privilege to attend our prestigious academy and see the real word close up.*

When Lizzy came home that afternoon, we talked about the altruism of becoming Britney's friend. Well, we didn't really talk, she just rolled her eyes. Teenagers. She went straight to the kitchen for another snack just to infuriate me. *My daughter has some issues herself, you know.* Do I need to talk about this? *Oh, well. Yes, she's … she has dietary problems. Well, yes, unfortunately she likes to eat.* Why the hell doesn't she understand that looking good has a high price? She has to learn how to choke her hunger with something other than food! I do it, so can she. *Oh, well. I'm not sure how much she listened to me.* Too busy eating her stupid peanut butter sandwich and stomping off to her room.

But the opportunity presented itself when *Britney decided by herself to become Lizzy's friend,* which showed her instinctively good taste. *Very commendable,* very clever. *Lizzy always needed help with math and English, and I'm always so busy* with this beautiful house, so busy with making my husband the envy of his colleagues. *What you see here is the result of pure effort and determination.* Looking this good is work. No matter what they say, nobody cares about a sweet soul hidden inside a gross body. Well, I did. Didn't I care about Britney's mother?

So the girls became friends. I welcomed Britney almost every afternoon to our house, what a blessing for her mom who did not have to leave her sad office in a rush to pick her up. *I enjoyed seeing the two girls together,* colorless *Britney and* rebellious *Lizzy.* Shiny braids, skinny legs, deep and smart eyes, eating only grapes and pineapple, explaining algebra and adverbs to Lizzy, the one who was supposed to be prettier, thinner. Superior. Same old dull expression while filling up her big mouth with pecan chocolate chip cookies that Britney didn't touch.

Well, I couldn't possibly have remembered some small detail like that. Like I have space in my mind for trivia. *I really had only one conversation with the woman out of politeness. I have charities and fundraisers to run. Your veiled accusation offends me more than anything because I had the best intentions to help that poor girl and I was being generous. I just forgot. It didn't occur to me.*

And you should have seen Britney's eyes when she saw my famous vanilla pudding on the table. She had already said it was her favorite dessert. Even Lizzy was surprised by the treat because I rarely have the time to cook anymore. How revolting to see them exchanging that obscene happiness of cream and sugar for a future of fat and exclusion. *It even seemed that Britney was a little too hungry, you know. Like someone who doesn't have a full meal every night... No, I don't eat pudding.* Do I look like I eat pudding?

Oh, my God. Really? How could I know? It was just milk... Well, yes, almond milk. But that's still milk, right? Are you serious? Of course I called the ambulance right away, she couldn't breathe! Brain damage? Is she going to be OK? Oh, what a terrible accident! What a tragedy, Officer! A girl with so much potential. How I pity that poor mother! Of course, I know you recorded this statement. Yes, yes, I'm here to help. You can call anytime. Now, please, I hope you understand I need some time with my daughter. Good bye.

Lizzy, sweetie pie!

...

Your friend Britney isn't going to be at school for a while.

...

Sweetie, come to the gym with me this afternoon.

...

Lizzy!

...

I'm tired of you always being locked in your room, come down right now!

...

Come on, let's get rid of all that vanilla pudding!

DARKNESS

When that brief light has fallen for us,
we must sleep a never ending night.
Give me a thousand kisses, then another hundred,
then another thousand, then a second hundred,
then yet another thousand more, then another hundred.
Gaius Valerius Catullus, *Carmen 5*

Eve woke up and immediately remembered that she was happy. Despite the otherwise confusing shadows in the room, this time it was no dream. Kent was there, asleep next to her in the hotel, its 1920's luxury undimmed by time. She had looked forward to looking back. She had anticipated recalling the very memory she was about to create, a memory to cherish with or without him. Another one of her *prospective memories*. Eve would imagine some experience, down to the smallest detail, and then project herself even deeper into the future, remembering what was yet to happen. Such dreamed memories always came true. This one would be no exception.

37

Her heart had cradled tonight's memory for months. It would be the perfect projection of a night together, the first whole night together, in the city they both loved, unknown to all as their secret haven. To create her memory, Eve conjured some Latin verses. A recipe from Catullus for lovers to outlive the unavoidable night of old age and death through thousands and hundreds of kisses, too many to count. Eve revered the poem, but felt the need to add an image in the dark.

With the silent grace of a cat, listening to the whining of the old building and to Kent's blissful breathing, she uncovered herself. The prospective memory pictured her rising in the middle of the night, walking to the window, savoring the peace of love already made, contemplating the skyscrapers of the island. But that afternoon as Kent opened the door of the room, Eve could see no buildings. Their narrow window framed a gray, sad airshaft offering her only a minuscule square of black sky with which to decorate the memory. But she did not care that there was nothing to see, they were together at last for one eternal night in the city that was their world.

She was careful not to step on their clothes and shoes, not to stumble on their half-unpacked suitcases. Sliding her feet across the wood floor in the silence of darkness felt like a sacred procession. Only a gray cape of dim light filtered through the curtains covered her nakedness. She feathered the old floor with the strident red of her toenails, a Chanel color that Kent had given her even before he dared to touch the tips of her fingers. Another Cassandra stepping into the temple to meet her lover, only this time Eve had already met him and was not scared. Penitence would come, but the image would remain. The balance of the night was too easy to break, the gods too easy to awaken.

Eve wrapped her body in the curtains and looked outside. In the crisp night of early May all windows were closed and all lights off. Gazing at the small square of sky from the corner of East 39th and Madison, she smiled. She had caught her memory, a perennial butterfly of love inside her chest. Eve, a twenty-seven year old, naked, infatuated girl at the top of the world with the man of her life. No matter what fate would weave, this minute would still be hers thirty years from now.

Eve slipped back into bed and, before surrendering, leaned on her right elbow to look at her lover, to breathe him in, squeezing the shape of his face into her heart next to the square of sky. His name was a whispered lullaby she sang to herself, a counterfeit prayer she recited to fate. The four letters of the name of the only man she could love without boundaries. Pronouncing the four sounds one and one thousand times and then one hundred more, her eyes closed and her mind receded into the interminable night that we all have to sleep.

The light was trying to force its way under her eyelids when Eve awoke. Her lover's name lingered, its taste on her tongue and its music in her ears, as countless aches started their daily procession over her body. Something in her head was pushing aside the square of Manhattan's black sky. Maybe the idea that today was an important day.

"Good morning," she said, trying not to move too briskly and force her joints. "Was I talking in my sleep?"

"Good morning, princess! Happy silver wedding anniversary!" her husband smiled.

"A princess, at fifty-seven? Thank you for that. Why are you grinning? Was I talking in my sleep?"

"Were you? I didn't notice."

"I love you, Frank."

"I love you more."

Frank kissed Eve's hair tens of times and then one more, wrapped her with his body and adored her more in that moment than in any of the last twenty-five years. Frank had earned his wisdom. He knew there is no truth without a secret, and no measuring light without a hint of darkness.

CHALLENGES

Challenge (v.): c. 1200, "to rebuke," from Old French *chalongier* "complain, protest; haggle, quibble," from Vulgar Latin *calumniare* "to accuse falsely," from Latin *calumniari* "to accuse falsely, misrepresent, slander," from *calumnia* "trickery" (see calumny).

Think. Just think carefully. Forget about the *wise men*. Do not pay attention to your wife's letter. You know very well that women are weak and prone to delusions. Of course she did not have any dreams about this situation, about this man. How could she? Women are too emotional and their wills outmaneuvered by the whim of sentiment. You can analyze the problem, you are clever. You will maintain decorum. Your wife is far from her home, far from her family. For you the distance and the changes are endurable, you have faced them most of your life. There is a reason why the supreme commander sent you to this corner of the world. This episode should not ruin an exemplary path toward glory.

Consider your options. How will it affect you if you agree with these *wise men*? This week of religious celebrations has gone peacefully, so far. Even if the act they are demanding is unjust, it prevents turmoil. The power bequeathed to you must be administered with firm hand and a callous heart. You will not let them fathom your hesitation. Your wife may cry later. Allow her another tantrum about the messages of the gods embroidered in nighty visions. Later, you can deal with her. Women do not count. Duty comes first. Keep the peace and the distance between these people's theological intricacies and your government. They ask for their kind of justice. Give it to them. Even if you don't see their point. Even if you cannot detect a speck of guilt in the eyes of that poor man.

Why doesn't he respond to the accusations? With his deep eyes of charcoal, some spark of dread or desperation is waiting to ignite them to fury, yet he remains calm. He sees you from the abyss of some implacable will. You know he is innocent, a pitiable, delirious soul nurtured by aspirations of power or an almighty force. He is not a threat to anything, in spite of what these so-called educated men fear. Why doesn't he defend himself from such slander? His actions are those of one impelled by a sovereign will that ignores the imminent physical punishment of a horrible death. Delirium, delusion, mania—these are all gifts from the gods to disassociate us from stubborn reality. Such gifts were bestowed upon Odysseus, and later to Aeneas. To your wife, through her infantile dreams. There are rumors that even your Emperor has his delusions. His enemies grow behind his back like the shadows of trees in the forest as the sun leaves the sky.

But here, around you, in this morning of religious fervor, who is the most delirious? Some group of old men who demand a decision you don't want to make? This young rebellious man who challenges your power, your taxes, and your sword and calls himself a king? Are you the one about to lose your mind in a shallow pool of blood shed only to make the crowd happy?

You know. Make them believe that they preside over the execution so you can continue with relevant matters: order and peace. If he ever hears about these necessary actions and decisions, Tiberius will acknowledge the efficiency of his officer. Claudia will return to other prophetic dreams while you pretend to listen. The Sanhedrin will have their arrogant victim punished. And the hopeless man with deep black eyes? Pathetic. Truly worthy of pity. The memory of his execution will not outlive but three days. Life will go on in Rome's vast empire. Even his name will be forgotten, buried by time, and any spark of life in his eyes will be extinguished by pain and an irredeemable death. Lay aside your needless concerns. Without question, your hands will be forever washed clean by the cold current of oblivion.

STORIES

To Charles Eaton

It was only two days after arriving in the city that I discovered the triangular plaza at the intersection of Gold and Platt. I was wandering, looking for a new coffee place, and I stumbled onto a rusty geometric sculpture that looked very similar to the one that the hero of my unfinished novel finds on planet Suadela at the end of chapter four. It stood out next to a single tree, surrounded by a cluster of metal tables. I decided right then that the little plaza would become my regular office, the "X" at the end of a dotted line on the treasure map of my universe, where I would at last finish my first science fiction novel that had resisted completion for so many months. My friend Patrick was spending three months in Tokyo to close one of his big deals and offered me his microscopic studio in the Financial District: "Hey, James, give it a try! If you can't finish that book with all this energy around you, I don't know where you'd be able to do it."

So I bought a pair of walking shoes and packed my dictionary and my telescope, one to chase down words and the other to mark the coordinates of my protagonist's trip through the galaxies. Thus, I landed at the center of the economic world to tell the story of a different society, while people like Patrick injected contracts into the arteries of businesses just a few feet away. Patrick's stars are green and crisp, they flow unseen and silent from bank to bank. Mine are silent too, revealed by a telescope and scattered throughout a novel that had not yet taken the shape of a constellation.

I saw Mr. Funny Glasses on a Thursday afternoon. He was walking up Gold Street talking on one phone and looking at another. He was carrying a leather bag with some blueprints in it and seemed excited about the conversation he was having. He stopped at my intersection giving me the opportunity to observe him at ease. A little more than middle-aged, a little overweight, a little dull in his choice of clothing and a lot of blond hair falling over a pair of green plastic eyeglasses that did not belong to the picture. Maybe it was because of those glasses that I liked him immediately. He looked like someone who was playing a game with a straight face, but was unable to completely hide some secret, whimsical side of his personality. Like wearing a designer sweater with a discount price tag hanging out, accidentally betraying that nothing is what it seems.

I could hear just enough of his conversation to grasp that he was staying as usual on the twelfth floor where he had enough light to compare prints and that a transaction had gone well. Given my lack of inspiration and progress, this man was several steps ahead of me in life. He finished talking, put away both phones and headed to the fancy hotel across the street. Just another anonymous businessman on one of the infinite number of random trips this city inspires.

It turned out that he had a routine like mine, and there was nothing random about it. Two weeks later I saw him again coming from Maiden Lane. Now he looked tired and his pace was slow, though not as slow as mine, still a crawl toward the last chapters of my novel. His glasses had changed color this time but were still a mismatch with the rest of his appearance. When he entered the hotel, suddenly, without any apparent reason, I felt a strange rush of curiosity, an eagerness to follow him, to track his steps. That man had something that I needed although I did not know what it was.

I went back to the studio to challenge my good luck. If his hotel room looked at my plaza, I would be able to see him from my own window a block away. People tend to think that all those windows are offices in Wall Street, but the last crisis turned many of its derelict buildings into cheaper housing for young pioneers of the financial world like Patrick. I threw my computer on the couch, rummaged in my bag for the instrument I would misuse for the first time, sat by my window on the sixteenth floor and waited. The hotel had only fifteen stories and my telescope could easily leap the three hundred feet which separated us.

Fifteen minutes later my bet paid off. Mr. Funny Glasses opened his bedroom door, left his blueprints on the desk, stripped except for his new blue glasses, and watched TV from bed until dinner time. Then he put on a pair of loose jeans and a pink button-down shirt and left. Not much for an interesting anecdote but somehow still fascinating.

Nothing happened to me or to my novel in the following weeks. Every ten days, I saw my new oblivious friend with his unpredictable glasses and twin phones. Blueprints came and went, and discussions took place by phone on his way to the hotel. I remember thinking one time that maybe he would talk to his wife at that hour of the day but, with the attentive feminine eyes of a male novelist, I noticed that he did not wear a wedding band. Evidently his existence was nothing but business, TV before dinner, colored funky eyeglasses, and the tedious march around the carrousel of time. He did not have any secrets for me, I concluded.

One afternoon, a week before my departure and still three incomplete chapters away from a novel that did not yet echo any of my dreams, a cab stopped across from my table. The driver put a suitcase covered with stickers of different flowers on the curb. Big and small, open and closed, infinite psychedelic flowers dancing frantically one on top of the other over a black leather background. Then she emerged from the taxi, ripe and bright, wearing a green headband over a mane of red hair that spilled over her back like a regal cloak. She looked up at the hotel, beamed with delight, dialed her phone, and made her vivid entrance dragging her private flower garden by the handle. I could almost feel her perfume and envied at once the man awaiting her candid smile. Her husband, I surmised after noticing a wedding ring.

And then I saw him, my nameless nearsighted friend, this time wearing the green glasses, coming down the street too early for his routine. Smiling as he talked on his phone, walking faster than ever, he entered the hotel by the side door because, apparently, the revolving one would have taken too long.

After a while, I saw them coming out together, not yet touching each other. She looking up at the buildings, fascinated, turning around him and talking loudly, he listening and hesitating, one step from caressing her hair without daring to.

That night his blueprints were crushed under her flowers. They returned late to the room and, without turning off the lights or drawing the curtains, both got naked and lay down. He took his glasses off this time, and they landed on the floor next to her headband. I felt ashamed, I did not have the right to witness their secret. But I was thrilled because I was tracing the hint of a mystery I had foreseen in his crazy glasses so many weeks ago. Naked as they were, with only her beautiful red hair to cover them and a tiny box of chocolates to make her even happier, they talked for an hour. And they kissed softly and then harshly a thousand times and then talked a little more. And when they decided to make love, it was like the only song they knew how to sing together on key, or a path they could walk hand in hand with their eyes shut, or the silhouette of a cat they caressed every night without thinking.

They paused many times. He to caress her hair, she to draw younger features on his face with the magic wand of her thumb. I imagined her asking how many more times he would make love to her and him replying that all the remaining times in their lives would not be enough. And a man who had looked predictable became a hero, and a woman who had intrigued me became sublime. I knew that they were the owners of a treasure I would never possess.

I only had words and stars. They had each other.

After their lights went off at midnight, I packed my few belongings, opened my computer, deleted my whole stillborn novel, and headed to the door.

The next day, back home, I started to write a true story. This time one on Earth, its coordinates Gold and Platt.

SMOKING

To Verónica Jiménez

"I'm not talking to you. I don't want to talk to you. I'm never going to talk to you again."

"That's OK, Justin. You don't have to talk to me. Maybe you'd like to play a game instead? We don't have to talk if we are playing a game."

Justin looked at the disgusting woman with the pointy glasses and the big mole underneath her right ear. His mom had a mole too, but it was a beautiful one just below her lower lip. He loved to kiss that mole. *When I am grown-up and big like my dad, I will only talk to beautiful girls with tiny moles on their chins.*

"I don't want to play. I don't want to talk. And I am *not* going to tell you any secrets."

"That's OK. You don't have to talk. And you don't have to tell me any secrets. Secrets are special. The most special secrets are the ones only two people know, and no one else."

"Why does that make them special?" Justin asked, looking the woman in the eye for the first time.

"Well, do you have a baseball? Can you play catch by yourself?"

"No."

"So, you play catch with someone else, right?"

"Yes."

"Special secrets are like that. The most special ones are the one you share with someone else."

"I have a baseball. Brian Barkley signed it for me. My dad gave it to me, and he went to all that trouble just for me.

It's special. I like to look at it. I don't have to share it. I don't want to share it."

"That sounds like a very special baseball. It's so special that you probably don't want to play catch with it. Even though it's special, just playing catch with yourself your arm would hurt, wouldn't it? Let's play catch and your arm won't hurt that much. Let's pretend your secrets are a baseball. Let's just try to play catch."

Justin stared at his feet and moved their tips closer and then apart over and over. He imagined that his feet were the windshield wipers of his dad's new sports car. His father hadn't noticed when Justin kicked the bumper two weeks ago, too busy yelling at Justin's upset mother.

"If I play catch with my secret like a baseball, I can lose it. Like when I lost the tiny prayer book my dad gave me for Christmas, the one that had belonged to my grandfather. Dad said that I was old enough to have it, and that I was going to show him and Mom how responsible I am. Mom didn't say anything, she doesn't say very much. And when Dad found out what happened he was mad at me for a long time. He's still mad at me. And he's right. My dad is always right. My dad is very smart."

"What happened to the tiny book? Did you lose it?"

"I don't remember."

"Oh. That's too bad."

"Well… I didn't lose it really…"

"Oh, you didn't lose it. So … you still have it?"

"No. It's gone. And I don't want to tell you anything else. And if you ask what I did with it, I won't tell you. I want to go."

"OK. I know you want to go. You don't have to tell me what happened to the tiny book. But if you want to tell me, I won't tell anyone else. That's our special secret. I promise. I won't tell anybody. Not even Dad or Mom."

Justin looked at the woman again more in the direction of her right ear than toward her eyes. He hated her ugliness. His instinct was to run. Whenever he would bang his feet on the chair, as he had been doing for the last fifteen minutes, his mother would become irritated. This woman did not seem to mind. Instead, she just went on and on forever with her stupid questions. She was a grown-up, like the rest of them, and she could not hide that fact behind her little girl voice. There was no reason to trust her. Grown-ups were always trying to get the whole unadulterated truth out of him, telling him what is right and what is wrong. He was just not going to tell her what had happened with the book, or why he had done what he had done. Never.

"Justin. Justin? I want to share a secret with you. Your father gave me something, and I want to show it to you. He said he found this in your room, the day after the accident."

Justin's pupils moved from the mole to the small blue rectangular object. A few seconds passed before he was able to think. How had Dad found it? Justin's super-secret hiding place had been crafted with deception to ensure that it was adult-proof. For a second time he looked the woman in the eye, tightened his jaws, and returned to the stone silence that had preceded this idiotic visit.

"Your father says he found this in your bedroom. He said he found it inside the arm of a broken Pokémon doll. I think that is a great hiding place. Even the inspector didn't look there, so he never found it. Your dad says he's not going to show it to the inspector. Maybe our special secret can be why you had this in your room. Nobody else can be hurt now, so it's OK."

The manipulating tone of the woman combined with the certainty that she was orchestrating a big stupid trap took Justin to the verge of crying. He lowered his eyes again, banging the legs of the chair with both feet to show his indignation.

"Pokémon is not a doll! Pokémon is an action figure, and my dad knows what that is and why I took it!"

"OK. Maybe your dad is confused and he can't remember why you took it. Maybe he just wants to know who gave it to you. But that can be our special secret, if you want. It's OK to cry."

"It's his lighter! It's his! He knows that!"

"OK. This is your father's lighter. He forgot to tell me that when he gave it to me. He only told me that he found it in your room. Maybe he forgot it was his, since nobody smokes at your house. Right?"

Now Justin understood. Crying became pointless and

regaining composure his duty. The balance of power now favored him rather than the nosy therapist. Despite the awkward obligation bestowed by this father, Justin saw the opportunity for his dad's forgiveness. The tribe's chief was transmitting coded instructions, Justin was clever and responsible and would follow them.

"No. Nobody smokes at my house."

"OK. Nobody smokes at your house, except maybe your dad smokes sometimes?"

"No! My dad doesn't smoke. And I didn't find the lighter in our house! I found it in the street. Dad would never smoke because Mom would be very upset and he loves her very much. And I was not being responsible, and my dad is right that he is mad at me. I didn't mean to burn the prayer book. It just caught fire. And Mom tried to put out the fire, but her hands got burnt and even her face a little, but the doctors said she's going to be fine, and my dad does not smoke, that is not his lighter. OK?"

Dr. Ballina's eyes remained closed a tenth of a second longer than they should have been.

"OK. That's not his lighter. Of course. Don't worry. You're right, the doctors said your mom is going to be fine. How about some chocolate before you go?"

Justin took the piece wrapped in silver paper with the certainty that it would be thrown away the moment he left the office. Although the woman was clearly an idiot, the session had gone well. Mom will never know. And Dad may give up his cigarettes. Turning his grandfather's prayer book into ashes was an irreversible mistake. But maybe that mistake would dissipate now that he had learned to read his father's secret smoke signals.

GHOSTS

Frida

My mother will die tomorrow. That's what I hope. It doesn't mean I want her to die. It's just that I cannot take this anymore. Please, Mom.

I'm just so bored. I don't have any tears left. I want to sit in the sun, go for a walk in the park all by myself. From her window I can see a little cluster of blossoming trees. A couple of days ago people started showing up with their blankets and dogs. I cannot see them from here but I know they are happier than I am. They are not sitting by their dying mothers' beds, listening to coarse breathing and praying for their hearts to abandon a futile enterprise. My father is not here, of course, but he always is. In fact, I am in this room because of his inability to deal with illness and pain. Evidently those vows were excluded from his marital contract. A lawyer's advantage, I guess. So, the attorney's only daughter, who could not become one herself for lack of passion and dedication, had to abandon her two little children and husband in the pleasant suburbs and come to this despised Upper West Side to make sure her mother doesn't die alone.

I have to be a good daughter, not for her but for my father. I have to show him that I am successful, in my own way. I have to prove to him how happy I am, with my cottage in the woods, and the children, and Dan, the publicly impeccable husband, the privately distant and melancholic father of my children. I dread the idea that my father may have to rescue me again. Yes, Dan's promotion at the Connecticut office probably happened because of Dad's influence. But I have to stop this. I can't try so hard to be perfect but still feel like a failure. Maybe when Mom dies, my father's suffocating shadow will vanish. Please, Mom, die.

Markus

That was a good joke. Who do I need to applaud? I didn't bother to look at the name of the bar when I came in. I just needed a drink. Chelsea's not my thing but all these new real estate contracts make it worth the trip. That old elevated railroad track will be my yellow brick road.

Scotch served on a skull coaster. Perfect. "Death Avenue? What kind of name is that?" "That was what this street was called in the early 20's, sir." Obviously not the first time this bartender has been asked the question. Of course. My wife is dying at home and the one place I end up is death's own avenue. It feels good, though. I need this break from my daughter's pathetic teary eyes at home and from Steve's vicious, bloodshot eyes at the office. Steve, I hate you. I can barely hide it anymore, pretending that I owe you my brilliant career and all that I've learned. If only this scotch could let me forget what a hovering asshole you are. I should be running this company. Death should be running over you.

Mr. Dolloway

I am tired. Exhausted. What am I doing here? I could walk out and never come back. Who am I trying to impress? Everyone down there is dying to take over, even that little shit Markus. I'm too old be wasting my life at this office, surrounded by a pack of wolves ready to tear me into pieces and gloat as they eat them one by one on the parquet of the conference room. This is my company, you fucking idiots! I founded it, and you're just the pawns I needed for it to succeed. But you know what? I'm not going to leave any time soon. But when I do, instead of one of you morons, she'll be the one in charge. Sexy Sandy is ready to say yes to me. She's not just the corporate climbing lawyer you think she is. She'll be the new Mrs. Steve Dolloway. Didn't see that coming, did you, conniving bastards? I saw from the beginning that nothing was too nasty for her to swallow in exchange for even a crumb of power. Can't wait for me to retire and die? Fine, but not before I confect my revenge.

Sandra

I need to stop and finish this document. Was I hired to babysit morons who can't even spell check? Well, I certainly wasn't hired to spend all day stalking some other idiot's profile. Why am I so obsessed with her and her hippie trips, her pictures of vegan food, and quotes from the Dalai Lama anyway? Because I'm obsessed with the guilty pleasure of her photos from visiting the Hamptons, her fat ass squeezed into a bathing suit or, God, those teeth. She doesn't even know what success looks like. She couldn't possibly make one-tenth of my income treating speech impediments for those rich brats in Greenwich. If I accept old Steve's repulsive proposal, I'll show Ellie what success looks like from my mansion in the Hamptons. She may have been the queen of the prom, but I'll be the one who reigns. Reigning over my life, over this office, even over you, Ellie, with your unpolished toenails at my summer beach party. Enough. Back to work.

Elizabeth

I'm afraid of her. I often find myself thinking more about her than about him. I even dream about her. In the dreams sometimes we're friends, and we sit together, and we talk. He's usually mute in my dreams, but she's articulate. We talk about him mostly. Other times she looks at me from a distance, from an elevated place, a hill, or an escalator. One time she was running from me dragging her children by the hand. She was screaming about me robbing and killing her family, when all I wanted was to discuss little Tommy's therapy, how best to treat his stutter. She is here all the time. Dan's with me maybe once a week. Even then her specter is in bed with us, between me and her husband every time. Then she stays and crawls into my dreams. I wish I could understand why a man with so much love to give stays with a woman unable to receive it. I want to hold the man of my life in my arms without her breathing our breaths. Once again Dan can't come this evening. He's at home taking care of the kids, waiting for his mother-in-law to die to fix his broken life. I never realized before that life rhymes with wife.

Daniel

Sweet dreams, Tommy the Pirate. Dream with little angels, Emma Principessa. If it weren't for you, my children, I would stop serving these demons. What am I going to do, Frida? How am I going to tell you? How will your father react? My career will be over. Under the pretense of his company's reputation, Mr. Dolloway will quietly dismiss me. Sandra will be happy to get rid of another of her "incompetent" employees. I don't even know how much I love my sweet Ellie. At least not as much as she loves me. Do I even have a choice? God, where did all my plans of being a free soul go? Look at me now. I am not even a shadow on the wall of a cave. I am a ghost in a private tomb of perfection and vanity. Like all of them. Like all of us.

Baker's Dozen

HIGHS

Oh my, art is long and short is our life.
Goethe, *Faust*

Down went my dear friend. Not him, of course, but his remains. Whatever was left of a man I admired and kept close to my heart. A man I shared thirty years of friendship with and I travelled with to places most people would not be able to find on a map. I was the direct witness of his art, and my camera the echo of the image he wanted people to remember. He played, and I recorded. Whom will I follow now and toward which destination?

The coffin made no sound, one more tear falling over the whole injustice of his early death at sixty-two. My friend made music. The exquisite notes came out of his ancient violin as if he were caressing the golden mane of a Greek goddess with his bow. My friend did not deserve a silent funeral or the stones his friends and family brought. But who would deserve to die after bestowing peace to souls and beauty to the world through the generosity of four strings?

The rabbi started his chants, those highs and lows undecipherable for me. I continued looking down at the well of absence that had swallowed my companion, at the humid grass exhaling irrepressible life, and at all those pairs of feet covered in dust, some tapping, some taking turns in the forbidden burden of tiredness, one at a time, making their owners sway to the rhythms of the Hebrew sounds. Only two feminine shoes stood out, untouched by the dirt, inconceivably elegant in the strange aura of their black patent leather and high heels. And then there was also the cane. Shoes like those don't usually accompany a cane. But hers did.

I did not want to look up. I feared that if I did, I might confirm that the next funeral would have me as the protagonist. I had been an orphan for the last three years. I had been feeling old ever since. Why do people decide that the only orphans worthy of pity are the young ones? My parents left me, and now my closest friend. I am alone at his funeral surrounded by dozens of people I cannot name. I will be even lonelier when I get home.

The cane slid almost imperceptibly, and my eyes followed the movement as if it hid a secret message that only I could decode. I was curious but I would not look. If Alice were here, she would reprimand me for this distraction. She would not say a word but would press my arm lightly. Alice can sense what I am looking at even when she is sustaining a trivial conversation with inane people. It would be much easier for her at a silent funeral.

The cane moved again and placed itself in between the polished tips of the woman's shoes. Who was she? Why did I feel such an urge to deny that she was the most beautiful personification of Death extending her hand to me? And what if she were? Should I look?

My absent wife pressed her imaginary hand on my arm again. Alice stopped coming to funerals long ago. The lack of passion in a marriage should be measured according to the social events in the husband's life that the wife decides to ignore. Business parties come first, family gatherings later, the mutual bed, and cherished friends' funerals at the end. My marriage has become a sequence of forgotten absences, and its silence is more oppressive than the mute violin abandoned by a dead musician.

The chants suddenly end. I am forced to raise my eyes. I do not look at the widow but instead at the enigmatic bearer of the cane. She is looking at me too and the first incomprehensible thought that comes to my mind is that she is not an impersonation of Death but a Botticelli creature some vandal has desecrated with a black robe. She looks at me with peace and, at that very moment, a warmth that I have not felt in decades makes a nest between my lungs. I know I have met her before, but I don't know who she is. She barely smiles. She is young in a dangerous way, not because she is too young but because whoever dares not to kiss her now would miss forever the sweetness of a perfectly ripe fruit.

The funeral is over and the crowd walks away except for me … and except for her. Some minutes pass in a distorted progression. I am not sure anymore how long a minute takes to go by.

She is next to me now. I look deep into her blue eyes unsure if I will be able to swim back to reality later. She has the hair of the goddess with which my friend used to string his violin. She extends her hand and I see the long scar that embraces her ivory arm as though it were barbed wire.

"It is so good to see you again," she says cautiously. "I am Blanche Illy. I studied with him for ten years until I had the accident. Of course, you don't remember me."

I cannot say anything because in spite of my helplessness and solitude, I do remember her.

"I could never forget those afternoon lessons with the maestro. You were there almost every time. I was only sixteen and you two were ... thirty-five? You did not pay attention to me but ... many times I was not playing for my teacher ... I was playing for you. I thought this was a good time to let you know, before we all end up down there."

My only purpose at this point is to keep her next to me.

"Would you play again?" I utter without thinking.

"I don't think so," she says as a slight blush invades her cheeks.

"But now that you are older, you could revive our memories of shared music over a glass of wine, I assume."

"Yes, of course I can."

The sun of her hair and the sea of her eyes are the posthumous presents from my friend to me. My heart leaps high inside my chest, and I know that I am not dead and will not be for a long time to come.

12 Palabras al Azar

RENUNCIAMIENTO

El viernes 27 de abril de 1953 a las 9 y 35 de la mañana Aldo Palando decidió renunciar. Era una mañana gris como suelen ser las mañanas en Lima. Aldo miró las eternas nubes desde la ventana rajada sin tener la certeza de si la imagen era real o solo una superposición del reflejo de muchas otras mañanas grises que había observado durante los últimos cincuenta y siete años.

El día había comenzado metronómicamente como siempre. Aldo abrió los ojos a la hora habitual, las 7 y 10, ni un minuto antes, ni un minuto después, se levantó del lado derecho de la cama estrecha, se dio una ducha hirviendo sin que un solo pensamiento sólido cruzara por su cabeza, se secó furiosamente con una vieja toalla burda y se dirigió a la cocina para desayunar.

Pasó alrededor de una hora revisando en su mente ese raro pensamiento invasivo que había decidido molestarlo justo esa mañana: abandonar todo, detener todo, parar el mundo.

Aldo Palando no era un hombre cultivado. No había leído *Bartleby* ni ninguna otra novela. Le gustaba escuchar los partidos de fútbol por la radio pero últimamente le costaba descifrar si su mente presenciaba el encuentro que se estaba jugando en ese momento o un panorama de diversas contiendas deportivas que ya habían ocurrido. Era casi como lo que le pasaba con las nubes. Pero no sabía cómo compartir esa preocupación con nadie. No era un buen hablador. Mejor dejar que los hechos transcurrieran por sí mismos. Al final nada es tan importante como parece al principio, pensó, así que para qué molestarse tratando de describir con palabras lo que, de todas maneras, iba a caer en el olvido tan pronto.

Después de contemplar su nuevo pensamiento del día Aldo tomó el periódico que alguien había dejado sobre la mesa de madera. No podía darle un nombre o un rostro a quienquiera que hubiera sido. Pero el hecho concreto de que hubiese un periódico sobre la mesa le otorgaba entidad a ese alguien. Así pasó de una página a otra. No se preocupó por mirar la fecha del diario. Todas las noticias que leía describían un mundo lejano, demasiado complicado para entenderlo con propiedad. Era muchísimo más fácil mirar las fotos y las ilustraciones.

A las 9 y 35 Aldo dobló el periódico, se levantó, llevó la taza cascada a la pila de mármol y contó los pasos que necesitaba para poner en marcha su decisión, cinco pasos antes del final: levantar la vista, ir hacia la puerta vidriada, abrirla, caminar hacia el huaranhuay y sentarse debajo de la dulce sombra de las tardías flores ambarinas.

Y así se quedó debajo del árbol, protegido del reflejo de la luz hecha de acero del cielo de Lima. Sin embargo, no es fácil abandonar todo de manera tan radical y definitiva. Aldo Palando no lo sabía, pero de todos los horrores de los castigos olímpicos el peor es no ser capaz de renunciar. Sísifo empuja por siempre su roca y debe verla rodar cuesta abajo una y otra vez, Damocles no puede ignorar que la inminente espada está eternamente a punto de caer y el pobre Prometeo padece el diario desgarramiento de sus entrañas bajo la voracidad del águila insaciable. La mayoría de las veces la eternidad es un tremendo castigo.

Es verdad, empero, que Aldo no tenía que temer esos dolores y ansiedades mientras permanecía debajo del árbol.

Su desafío era mantenerse inmóvil cuando una abeja se acercaba a su camisa amarillenta. Otra contrariedad era anular sus sentidos voluntariamente. Podía cerrar los ojos y la boca y adormecer sus manos y su piel solo por el hecho de no moverse. Pero todavía era capaz de sentir el aroma del árbol y oír a la gente que caminaba a su alrededor. Supo que había estado renunciando debajo del árbol por un tiempo considerable cuando el murmullo y los desplazamientos rompieron la quietud del aire. Algunos hombres habían comenzado a juntarse en torno a él para mirarlo. Otros caminaban de vuelta hacia la puerta vidriada a paso rápido.

Ana Amancay se enderezó la cofia almidonada. Acompañó al último de sus hombres a la silla correspondiente y contó. Contó una segunda vez para estar segura. Había hecho lo mismo cada mediodía durante el pasado año pero vivía como un juego el tratar de atraparlo renunciando algún día a su rutina.

Al comprobar que su número era el de siempre, Ana caminó con decisión hacia la puerta tratando de no manchar sus zapatillas inmaculadas con la tierra húmeda. La luz grisácea del cielo oscureció aún más la cruz roja sobre su pecho.

—Aldo, mi amor, que el almuerzo está listo. Mañana regresas a tu arbolito —dijo con una sonrisa, extendiendo la mano.

OPORTUNIDAD

—Acá no se llaman *Fred* y *Barney*. Son Pedro y Pablo —dice, moviendo el tenedor como si señalara primero a uno y luego al otro. Yo asiento.

—¿*Flintstones* y *Rubble*? —le pregunto, tratando de no sonreír mucho.

—¡No! —responde con ojos serios como si extendiera un regalo inesperado. —Pedro Picapiedras y Pablo Mármol.

A estas alturas ya no me sorprendo, aunque a veces todavía quiera escapárseme una sonrisa maliciosa. Ahora la conozco lo suficiente. Es capaz de hablar de todo y todo parece brillar para ella con cierta mínima fascinación. Tanto Don Quijote como el Pato Donald develan su fidelidad a los datos precisos. Lo que para otros es un pequeño apunte para una noche de *Trivial Pursuit* para ella es un puente que transforma una escena en una historia, un episodio en un tema. Incluso aquello que no le depara atracción alguna, como los deportes o los juegos de cartas o la política, cuya obviedad la confunde, son al menos una oportunidad para hallar un verdadero tesoro. Por eso supe desde un principio que mi trabajo no le interesaba y me dio igual. No tenía que gustarle lo que yo hacía en la oficina. Ella conocía el sistema y podía ayudarme a triunfar.

Cuando la conocí, jugué mi carta de presentación habitual: joven profesional (aunque diez años mayor que ella), impecable currículum, experiencia internacional. No pareció importarle. Al principio fue desconcertante porque esa estrategia siempre funcionaba y todavía funciona con la mayoría de la gente. Sin embargo, cuando le dije que había pronunciado Lichtenstein incorrectamente, sus ojos, enormes y curiosos, se detuvieron un momento para observarme con genuino interés. Mi desconcierto se evaporó mientras le enseñaba cómo decirlo con propiedad. Más tarde, con una mano sobre la boca, escondió su placer cuando evoqué detalles perdidos de mitología griega. Desempolvando baratijas y artefactos del ático de mi mente, según la situación, afirmé el camino. Ese sería mi sendero hacia ella.

Y aquí estamos en nuestro segundo almuerzo de negocios. Al principio la invitación había encendido cierta reticencia. No podía entender por qué yo quería traerla a estos restaurantes carísimos llenos de ejecutivos de alto rango. Pero la magia funcionó: —Para celebrar —le dije. —¿Para celebrar qué? —preguntó tratando de evitarme, mientras llenaba el portafolios con sus muchos papeles y libros. —Para celebrar que pude dar la conferencia yo solo, como me prometiste. Todo el mundo me felicitó. Ganaste la apuesta.

En nuestro primer almuerzo estuvo nerviosa y casi torpe. Era evidente que no estaba acostumbrada a esos escenarios de lujo. Me pregunté si alguna amiga sabia le habría advertido: "¿Estás segura de que no está buscando algo más?"

Pero esta segunda vez está serena. Parece relajada y mantiene bajo control su rebelde melena de avellana. Duda mínimamente cuando sugiero el carpacho pero me deja pedir. Es valiente. El control está en mis manos.

Y, mientras una alcaparra caprichosa escapa a sus intentos, me enseña los nombres de Fred y Barney en su lengua. Y después traduce Gomez Addams y Bruce Wayne y me hace adivinar quiénes son los Supersónicos.

Y a pesar de que la inocente lección aparentemente ha terminado, sigo mirándola. Mi sonrisa irónica se derrite en la forja de algo que no he planeado, algo desconcertante que había sido incapaz de sentir y que latía olvidado al menos por una década. Algo que ya no puedo encontrar en casa, al lado de la persona con la que dormiré esta noche.

Mientras la miro a los ojos mi nueva aliada me observa, inconsciente de su tácita belleza y de mis calladas intenciones. Sé que voy a besarla tarde o temprano, después de este almuerzo o dentro de dos años. Sin juzgarme jamás. Adorándome siempre. Un nuevo corazón para romper que será mi redención. ¡Ay, Dios, qué oportunidad!

CARTELES

4 de marzo

Cuando el primo segundo del Presidente compra el edificio ubicado enfrente de tu nuevo departamento para mudar su estación de radio de rap sabes que algo no irá bien. Eso es lo que pensé aquella mañana de sol mientras leía el periódico y esperaba que se hiciera el café. Siempre me gustó leer las pequeñas noticias primero. No puedo explicarlo. Quizá se deba al temor de que las historias principales hayan sufrido un profundo proceso de censura y, en cambio, las noticias en la parte inferior de la página están un poco más protegidas del hambre de corrección y elogios vacuos del editor.

Había comprado mi departamento, mi refugio de soltero, tres meses antes, después de haber buscado por toda la ciudad ese espacio único que definiría mi vida privada por muchos años futuros. En mi país eres afortunado si compras un lugar para vivir y muchas veces estás adquiriendo los pocos metros cuadrados en los que te encontrarán muerto algunas décadas más tarde. Es así.

Es verdad que el viejo edificio estaba en una avenida populosa pero yo ocupaba el octavo piso y miraba a la fachada aún más antigua de un cine decrépito, usado esporádicamente como templo para cualquiera que fuese el iluminado gurú de turno que quisiera abrir una iglesia y cerrarla después por falta de fondos y de seguidores.

Aquel día de sol de fin del verano todavía podía abrir las ventanas, mirar a las dos gárgolas erosionadas del viejo cine y sentirme en casa. Por fin.

29 de mayo

Camino a casa tropecé con la cabeza de una gárgola. Lo primero que pensé fue que mis pobres viejas amigas habían decidido dar un salto suicida dada la perspectiva de su futura existencia profanada por el estruendo del rap. Después me di cuenta de que sus orejas estaban ya demasiado desgastadas para oír nada y de que la caída no había sido en absoluto una decisión poética. Los obreros habían comenzado a hacer lugar para erigir el cartel.

21 de septiembre

La estación de radio abrió sus puertas desatando una fiesta bulliciosa que cortó la avenida y mantuvo en vilo a toda la calle durante la noche entera. El momento crucial del evento fue a las dos de la madrugada: la inauguración del primer panel continuo, gigante, interactivo, psicodélico que impondría al mundo lo sucedido en los estudios del edificio. "Radio para Ver" era el lema y la primera frase que leí desde mi ventana. Cuando cerré las antiguas puertas de mi balcón recibí la primera cruel señal de mi futuro fracaso: el vidrio era una masa vibrante que se sacudía al ritmo de un sonido ensordecedor.

27 de diciembre

Para navidad ya sabía que había perdido la batalla. Ni los vidrios reforzados ni las gruesas cortinas ni las sólidas persianas me aislarían del cartel infernal. Para entonces solo tres departamentos seguían ocupados en mi edificio. La mayoría de los viejos propietarios había aceptado la oferta miserable del dueño de la radio. Los dos que quedaban estaban a punto de sucumbir, yo era el último y no tenía un plan. En mi país nadie confía en las autoridades y mucho menos si el primo segundo de la autoridad máxima te está empujando a la locura.

31 de diciembre

Hace tres días que no como ni duermo. Permanecí sentado en el sillón de la sala mirando el cartel a través de mis ventanas temblorosas. Estoy esperando que comience la fiesta a las 11 de la noche. Van a cortar la calle una vez más. Ojalá las gárgolas me pudieran ver en este momento.

1ᵉʳᵒ de enero

Noticias del Glorioso País, página 29, ángulo inferior derecho.

...todavía están tratando de encontrarse las razones que llevaron a un hombre pleno de salud a arrojarse del octavo piso de su edificio mientras cientos de personas celebraban abajo. Ninguno de los presentes, entre los que se encontraba la querida hija de nuestro Mandatario, resultó herido como consecuencia de este suceso. El fallecido apretaba en su mano izquierda una pequeña nota: Ojalá tuviera sus orejas gastadas, amigas. *Otro misterio inexplicable que quedará irresuelto.*

COLORES

Voy a pintar todo el libro de naranja. No me importa. Mami dice que a las nenas les gusta el rosa. A mí no. Además, no quiero gastar el crayón rosa. Lo voy a guardar para siempre y dárselo a mi nieta cuando yo sea viejita y tenga muchas arrugas como la Abuela.

Mami dice que tengo que usar más de un color. Verde para el pasto, amarillo para el sol y azul para el agua. Eso está mal porque una vez yo vi que el sol se ponía negro y Papi me tapó los ojos y dijo que no mirara el sol con los ojos desnudos. Yo nunca tengo ropa en los ojos así que no sé por qué dijo eso. Las personas grandes dicen estupideces pero Papi no. La Abuela es la mamá de Papi y tampoco dice estupideces. Los grandes dicen cosas estúpidas todo el tiempo.

Mi Tía Vivi es una persona grande pero no es tonta. La quiero mucho. Lo que no me gusta es cuando se pelea con Papi. La Tía Vivi dice malas palabras. A ella no le importa. Mami dice que las nenas no deben decir malas palabras. Cuando yo sea grande voy a decir malas palabras igual que mi Tía Vivi. Y me voy a pintar como ella. Es nuestro secreto cuando ella me pinta. Azul en los ojos, rojo en las mejillas y rosa todo arriba de los labios. Mami dice que las nenas no se pintan. A mí no me importa lo que ella diga. Ella no sabe de maquillaje como la Tía Vivi. La Tía Vivi dice que estoy preciosa cuando ella me pinta. Dice que las monjas de mi colegio parecen feas porque no se pintan. A la Tía Vivi no le gustan las monjas. Yo creo que las monjas de mi colegio son más o menos pero no se lo digo a la Tía Vivi. Las monjas que no me gustan son las que nunca sonríen y siempre nos dicen que debemos ser *niñas buenas* todo el tiempo. ¡Todo el tiempo! Papi dice que yo tengo que ser una nena inteligente. Dice *no hay ningún mérito en ser linda porque así es como Dios te hizo*. Siempre se pone serio y después dice *ser inteligente es una cosa que tú logras*. Cuando crezca voy a ser inteligente también porque Dios ya me hizo linda. ¡Nunca voy a ser una monja!

Todo va a ser naranja. Y voy a tachar todos los dibujos que no me gusten. El que menos me gusta es este de una señora en la cocina. Tiene un delantal y una sartén.

No me gusta que tenga el pelo corto y la voy a pintar de naranja de la cabeza hasta los pies. Y voy a salirme de las líneas. El horno naranja, el pescado naranja y naranja su cara de tarada. Y voy a apretar el crayón tan fuerte que le voy a hacer un agujero en el vestido. ¡Ya va a ver!

Las mamás de mis amigas trabajan pero Mami no. Ella siempre está cocinando. Cocina un montón de cosas asquerosas, como remolachas. Las remolachas son violetas y no me gusta la comida violeta. Odio las remolachas. Me gustan las batatas. Quiero comer batatas todos los días. Mi Abuela me hace batatas. Afuera son negras y tengo que tener cuidado porque están calientes. Adentro algunas son amarillas y otras rojas. Mi Abuela nunca me hace comer remolachas y su comida es mucho mejor que la de Mami. Mi Abuela y Mami nunca se pelean. Las dos dicen que *se respetan mucho*. Mami piensa que yo no sé qué quiere decir respeto. Respeto quiere decir que una persona no te gusta pero no se lo dices. Yo respeto a las monjas de mi colegio.

Yo voy a respetar a Celia. La conocí esta mañana. Me dejó jugar con las muñecas que tenía en la mesa ratona. Eran negras y amarillas y rojas. Yo quería robarme la más chiquitita porque Celia nunca se iba a dar cuenta. La chiquitita se mete dentro de una más grande y no se puede saber si no está.

Todas las muñecas se meten dentro de una más grande. Celia me dio la muñeca más grande y me enseñó a abrirla. Ella es dulce. Al final no me llevé la muñeca chiquitita. No quería que Celia se pusiera triste. Me dio un abrazo enorme, casi tan fuerte como los que me da mi Tía Vivi.

Los sábados Papi siempre me lleva al parque. Me pregunta cómo se escriben las palabras. Dice que voy a ser muy inteligente porque sé cómo deletrear. Las palabras que tienen muchas haches son las más difíciles.

Esta mañana no fuimos al parque. Papi quería hacer algo nuevo. Yo le dije que estaba bien. Me gusta cuando Papi me da una sorpresa. Las muñecas fueron una sorpresa pero no son mías. Se quedaron en la casa de Celia. Celia trabaja en la oficina de Papi. Nos quedamos mucho tiempo en la casa de Celia. Tuve que jugar con las muñecas un tiempo larguísimo. Yo quería volver a casa pero Papi me dijo que tenía que ser una nena buena y esperar en la sala.

Cuando volvimos Mami me saludó. Yo no la quería saludar. Mami está cocinando. Seguro que está preparando remolachas. Me voy a quedar en mi cuarto pintando. Voy a pintar todo el libro. Voy a pintar todas las páginas de naranja. Tachar todo. De la cabeza hasta los pies.

PUERTA

En medio de la gran barbarie natural, los seres humanos a
veces (raramente) fueron capaces de crear pequeños
lugares cálidos irradiados por el amor. Pequeños espacios
cerrados, reservados, donde reinaban la intersubjetividad y
el amor.

Michel Houellebecq, *Les Particules élémentaires*

*"Tómate cualquier taxi amarillo desde el aeropuerto. Mi
dirección es 37 West 72nd Street, Apartamento 9C. Vas a pasar por
la esquina nefasta donde murió Lennon. La entrada tiene tres arcadas
debajo de un enorme balcón que me parece más morisco que barroco. Te
espero el cinco de noviembre. Voy a dejarte un juego de llaves con el
portero. La llave de bronce es la de la puerta principal. La azul es la del
departamento. Voy a cerrar solo la cerradura de arriba (la de abajo es
un poco problemática). Tienes que girar la llave azul en el sentido
contrario a las agujas del reloj. Sé paciente. La cerradura es un poco
temperamental y tus movimientos van a parecer un poco ilógicos. Cuando
gires la llave ¡empuja fuerte! Te prometo al menos tu vino blanco en el
refrigerador. Voy a llegar a la nochecita. Te amo".*

Bueno… Aquí estás. Pon la maleta en el suelo. ¿Vas a leer la nota otra vez? Sí, claro. La sabes de memoria. Tu corazón se la sabe de memoria.

Te estás poniendo colorada. Será por el cansancio. O quizás estás avergonzada por la manera en que te miraron esos dos porteros de abajo. El edificio parece venido a menos, mucho más de lo que te habías imaginado en los últimos tres meses. También es más oscuro. ¿Cómo distingue la gente de este edificio el día de la noche?

Bueno. Esta es la llave azul que abre la puerta. Agarra el picaporte. ¿Será esta manija facetada una bola de cristal? ¿Sabrá ya lo que va a pasar ahí adentro? Tómala fuerte. Sea cual sea tu destino durante los próximos siete días te vas a aferrar a él… Mete la llave. Gira… Bueno, no hay problema. Dijo que no iba a ser fácil. Qué raro que haya que girar una llave a la izquierda cuando las bisagras están a la derecha… Otra vez. Aggggggh. Ni siquiera se mueve. Respira. No puedes ir abajo y pedir ayuda. Esas miradas decían demasiado: *¡qué suertudo el tipo del 9C!* ¿Qué saben esos idiotas? En fin. La mano izquierda en el picaporte, la derecha en la llave. ¡Gira! ¡Empuja! Ni se te ocurra llorar. Tampoco golpees la puerta. ¿De qué sirve? Te vas a lastimar. Tienes tres horas hasta que él aparezca. Muchísimo tiempo. Imagínate que ya estás adentro, después de haberte dado una ducha, bebiendo el vino blanco que te haya dejado preparado. Sonríe. ¿Ves? Vas a recordar esta puerta durante toda tu vida. De ahora en adelante cada vez que una cerradura se atasque te transportará a esta ciudad, a este edificio, con la maleta roja a tu lado. No importa dónde estés, estarás aquí y ahora.

Un intento más. Respira otra vez. ¿Esta cerradura se está burlando de tu amor irracional? ¿No va también contra el reloj y es ilógico? Él te dio la llave para dejarte entrar en su nuevo mundo, en su nueva ciudad. Abre la puerta y trata de quedarte.

¡Empuja! ¡Por fin! ¡Lo lograste! ¿Tu mano está bien? Está sangrando, te cortaste un poquito. No te preocupes. ¿Dónde está el interruptor? Aquí está.

¡Guau! Es tan chiquito. Y bien oscuro pero muy acogedor. Un solo cuarto y tres ventanas. Un pequeño futón aquí. Va a ser una cama pequeña. Prepárate para acurrucarte, querida. La mayoría de sus posesiones descansa sobre la mesa: su televisión, sus libros, su música y ahora tu chaqueta y tu cartera. Y este precioso piso de madera. Mira la alfombra de cuero crudo. Es tan dulce ver cómo está tratando de reflejar el alma de tu lejana ciudad. Ahora tú también estás lejos. Más cerca de la felicidad o quizá de la desolación. Vamos a ver.

Ahí está el grabado de *Notre Dame*. ¡Oh! ¡Las máscaras! Están todas aquí, las cabezas de *papier mâché* salteñas: el puma, la serpiente, el cocodrilo, el zorro. ¿Nos siguen vigilando? ¿Serán testigos otra vez de la fuerza inevitable que acerca nuestras almas a pesar de la distancia y las circunstancias? Y tú, lechucita, la más sabia de todos, protégeme durante los próximos siete días en el paraíso.

La canilla del agua fría está trabada. Nunca se te hubiera ocurrido que hay algo peor que una ducha demasiado fría. Pero lo hay: una ducha demasiado caliente. Y te vas a quemar. Es extraño, ¿no? Si no te quemas con el agua hirviendo, te quemarás con este amor delirante.

Ahora solo descansa. Toma el vino del viejo refrigerador zumbante. ¿Ves? Te dejó tu favorito. Échate en el futón y espéralo. Ten cuidado de no mojar la almohada con tu pelo. Sería tan romántico si él te encontrara así. Como en las películas, aunque deberías estar dormida. Algo que no va a pasar ahora, con tu corazón latiendo tan fuerte, más fuerte aún de lo que habrías golpeado la puerta testaruda.

Él llegará en cualquier momento. Respira. Sonríe. Relájate. Nunca vivirás esta espera otra vez. Róbate el momento. Siente la ventana abierta de tu pecho, mucho más grande y ancha que las tres ventanas tristes que solo miran a una pared gris.

¡Escucha! ¡Es el sonido del ascensor! Esos son sus pasos. Pon la cabeza en la almohada, cierra los ojos. La llave tintinea fácilmente y las bisagras cantan. Está abriendo la puerta. Aquí está.

ROMPECABEZAS

Rita miró con ojos incrédulos el fondo de la caja. No estaba vacía. Quedaba una solitaria pieza roja de dos matices. El problema era que ya había terminado de armar la figura y no había nada rojo en ella. Habían pasado casi quince años desde su regreso del extranjero, desde que el rompecabezas de la *Orchard House* había llamado su atención en la tienda de recuerdos del centro de la ciudad. Pasar una tarde de nieve armando la imagen ayudaría a Tracy a reconectarse con las tradiciones de su pueblo. Sin embargo, la niña había tenido otros planes y la caja había permanecido cerrada, durmiendo en el estante inferior del gran armario, en el cuarto de huéspedes de abajo, hasta este viernes.

Desde que Tracy se fue a la universidad el viernes era para Rita el día bisagra entre una semana silenciosa sola y un fin de semana silencioso con Henry. Después de las tareas previas a su llegada, como doblar su ropa limpia, recoger sus camisas de la tintorería y apilar sus revistas en orden de llegada sobre su mesa de luz, Rita tenía algunas horas para dedicar libremente al capricho del día. Rita ya no recordaba por qué la aparición inminente de Henry producía este eclipse de actividades. En realidad su presencia en la casa ya no cambiaba demasiado el ambiente. Su papel del fin de semana durante los últimos diez años se había reducido a escuchar la lista de actividades meticulosas que ella realizaba durante sus ausencias semanales. Los viajes de Henry parecían ser una serie interminable de reuniones y cenas de negocios. Pero eran relevantes para la trayectoria de su carrera y para el aumento de los bienes de la familia.

Por lo que Rita podía recordar la caja había estado cerrada hasta el día de hoy. ¿Quizá Tracy la había abierto con la intención de armar la famosa casa y donarla encolada y enmarcada a la biblioteca pública? Pero entonces, como era habitual, sus buenas intenciones se habían derretido antes de cumplir el plan. Así, descubrir el origen y el destino de la pieza huérfana se apoderó del capricho de este día bisagra. Sus bracitos rojos trataban de pedir ayuda para no morir de aburrimiento, de soledad, de silencio, en una caja vacía.

Rita miró una vez más la casa amarronada. Se acercó a la superficie de mármol de la isla de su cocina y tomó otro sorbo de té. La foto estaba completa, con su puerta verde que ofrecía a los turistas una mirada subrepticia al pasado de una famosa escritora. La huérfana roja venía de otro lugar.

Para llegar al fondo del armario Rita tuvo que arrodillarse. Rescató todos los otros rompecabezas que Tracy había olvidado: *Estados de Nuestro País, La Boda de Barbie, Cenicienta Perdiendo el Zapatito.* Ninguno de ellos quería adoptar a su huerfanita. Sin embargo, en el camino de regreso a casa, Cenicienta se negó a entrar en el fondo del armario de la misma forma en que el zapato de cristal había rechazado a sus hermanastras. La cabeza de Rita casi tuvo que barrer el suelo para poder ver al intruso: *Peter Pan Siguiendo a Campanita.* Rita sonrió. La pluma del sombrero de Peter Pan necesitaba esos dos exactos matices de rojo que ofrecía la pieza náufraga en su mano. Rita abrió la caja.

Cubierta por las partículas dispersas de los personajes de J. M. Barrie había otra imagen, una real, y un sobre. El corazón de Rita comenzó a correr, desbocado. Su mente corría también pero mucho más atrás. Se sentó en el suelo, miró su reloj y sacó la foto de la caja.

La mujer era joven, no podía tener más de veintisiete años. En el fondo se veían las Torres Gemelas. Sus manos tomaban con fuerza un libro azul en frente de la fuente de La Esfera. Rita dio vuelta la foto lentamente con manos temblorosas, como si estuviera reacomodando un ramo de flores delicadas. Palabras escritas a mano.

Henry, lo logré.

Gracias por todas tus enseñanzas y tu confianza.

Ven a visitarme. Te espero.

Te quiere, Marian... en la cima del mundo.

Rita se llevó una mano a la boca y posó los labios sobre el puño apretado que escondía la pieza roja. Si la aplastaba Peter Pan terminaría incompleto. Sus ojos captaron el sobre mientras relajaba la presión. *Música MARavillosa para ti.* Así, con la M, la A y la R en mayúsculas. El contenido se desparramó en la caja: una memoria USB roja con forma de estrella y un librito. Letras y letras de canciones de amor, desde Los Beatles hasta Amy Winehouse, llenaban todas las páginas excepto la última. *Gracias por nuestros primeros veinte años corriendo por el laberinto del amor. Hasta el mes que viene. Marian.*

Rita permaneció mirando hacia adelante incapaz de ver una sola forma inteligible. Ni la luz que se filtraba por las cortinas del cuarto de huéspedes, ni el gran armario refugio de recuerdos, ni el espejo que reflejaba su silueta inanimada.

Solo después de escuchar el sonido de un auto en la entrada se arregló el cabello, puso la memoria y el libro en el sobre y cubrió el sobre y la foto con los fragmentos de Peter Pan. Esta vez el viejo armario recibió con amor todos los rompecabezas sin oponer resistencia. Cuando Henry abrió la puerta de la cocina Rita ya estaba poniendo agua en la tetera.

—¡Guau! ¿Lo armaste todo? —Henry miró la *Orchard House* y comenzó a clasificar su correspondencia.

—Sí, al final lo hice. Después de todos estos años no faltaba ni una sola pieza.

Rita le sirvió el té e insinuó una sonrisa indescifrable. Con una mano le ofreció la taza mientras con la otra escondía la pequeña pieza roja en el bolsillo de su blusa.

—Pero me imagino que debe ser mucho peor tener una pieza de más que una de menos —agregó.

Henry estaba demasiado perdido en un catálogo para responderle. Demasiado perdido para mirar a su esposa.

ENVIDIA

Sí, *espero. Dígame cuando esté listo...* La verdad no tengo todo el día.

Fue hace más o menos dos meses. Me acerqué a la pobre mujer porque me dio pena desde el mismo instante en que la vi. *Era una cara nueva en la escuela,* una cara regordeta para decir la verdad. Nosotras no estamos acostumbradas a ver ese tipo de mujeres en el colegio. No estamos acostumbradas a la idea de fealdad. Y menos a la ropa raída, a no ser que la usen las criadas que traen a los niños. *Pero ella no era una criada, por supuesto, por la forma en que miraba a su niña de trenzas, tímida y graciosa, en su primer día de clases. La mujer se veía tan orgullosa,* maravillada de ver a su apocada princesita subiendo unos pocos peldaños de la escala social. *Sin prestar atención a nadie* como si no le importáramos. *Así que me acerqué a ella, le dije "hola"* con mi sonrisa más radiante *y le di la bienvenida a nuestra escuela.* No iba a responder a su falta de elegancia con preguntas vulgares. *Esa mañana no pudo aceptar mi invitación de un café en mi casa.* Me dio una lamentable excusa sobre trabajo u otro tipo de inconveniente. Era demasiado, muy intimidante para alguien como ella: nuestra casa preciosa, los muebles finos, el arte, nuestro radiante sentido del equilibrio donde cada persona y cada objeto tienen un lugar. *Ni siquiera conocía bien nuestro barrio* o sus reglas. Nunca encontraría a otra madre que se dignara a prestarle un mínimo de atención a cualquiera que fuera la patética historia detrás de su cara redonda. Excepto yo.

Me enteré esa mañana de que Britney, su hija espectral, *había recibido una beca de excelencia del estado e iría a la misma clase que Elizabeth. Sí, mi hija Elizabeth. Lizzy. Aparentemente Britney tenía algunos problemas de salud,* serias alergias a ciertos alimentos, ataques, cosas de ese tipo, *que ponían a su madre ansiosa. Sin embargo, Britney,* la Señorita Trencitas Gordas, *superó esas dificultades,* típicas de gente perezosa de bajos recursos, *y se ganó el privilegio de asistir a nuestra escuela y ver el mundo real de cerca.*

Cuando Lizzy volvió a casa esa tarde, hablamos del noble deber de convertirse en la mejor amiga de Britney. Bueno, no hablamos realmente, ella solo revoleó los ojos. Adolescentes.

Fue directamente a la cocina a prepararse una merienda para enfurecerme. *Mi hija tiene sus propios problemas, usted sabe.* ¿Tengo que hablar de eso ahora? *Bueno. Sí, ella es... Tiene algunos problemitas alimenticios. Bueno, sí, desafortunadamente le gusta comer.* ¿Por qué diablos no puede entender que la belleza tiene un precio alto? ¡Tiene que aprender a sofocar el hambre con otras distracciones que no incluyan comida! Yo lo hago, así que ella también puede. *Bueno. No estoy segura de cuánto caso me hizo.* Demasiado ocupada comiéndose su ridículo sándwich de mantequilla de maní para irse pataleando a su dormitorio.

Pero la oportunidad se presentó sin llamarla cuando *Britney decidió por sí sola hacerse amiga de Lizzy,* lo que muestra su instintivo buen gusto. *Algo muy admirable,* muy hábil. *Lizzy siempre necesitó ayuda con matemáticas e inglés y yo estoy siempre tan atareada* con esta hermosa casa, tan atareada para lograr que mi marido sea la envidia de sus colegas. *Lo que usted ve aquí es el resultado del puro esfuerzo y la determinación.* Verse bien es un trabajo. No importa lo que digan, nadie presta atención a un alma dulce bajo el manto de un cuerpo asqueroso. Bueno, yo lo hice. ¿Acaso no me interesé por la mamá de Britney?

Así que las chicas se hicieron amigas. Yo recibía a Britney casi todas las tardes en nuestra casa, lo cual era una bendición para su mamá que no tenía que irse a los apurones de su miserable oficina para recogerla. *Me encantaba observar a las dos niñas juntas*, la pálida *Britney* y la rebelde *Lizzy*. Una toda trenzas brillantes, patitas flacas y ojos profundos e inteligentes, que solo comía uvas y ananá, explicándole álgebra y adverbios a Lizzy, la que debería haber sido más bonita y delgada. Superior. La que escuchaba con una expresión sosa mientras se llenaba la bocaza de las galletas de chocolate y nueces que Britney no tocaba.

Bueno, ¿cómo me iba a acordar de algo tan insignificante como eso? Como si tuviera espacio en la cabeza para semejante trivialidad. *Realmente solo hablé una vez con la mujer por mantener los buenos modales. Yo organizo caridades y eventos para recaudar fondos. Su velada acusación me ofende, más que nada porque yo tenía las mejores intenciones de ayudar a esa pobre chica y fui generosa. Me olvidé. No se me ocurrió.*

Usted debería haber visto los ojos de Britney cuando vio mi famoso pudin de vainilla sobre la mesa. Una vez dijo que era su postre favorito. Incluso Lizzy se asombró al ver la sorpresa porque ya no es común que yo tenga tiempo de cocinar. Qué asco verlas trocar esa felicidad obscena de crema y azúcar por un futuro de grasa y exclusión. *Hasta parecía que Britney tenía demasiada hambre, sabe. Como una persona que no espera cenar una comida completa cada noche... No, yo no como pudin.* ¿Tengo la apariencia de alguien que come pudin?

Ay, Dios mío. ¿En serio? ¿Cómo iba a saber? Era leche... Bueno, sí, leche de almendras. Pero era leche, ¿no? ¿Me lo dice en serio? ¡Claro que llamé a la ambulancia inmediatamente, la chica no podía respirar! ¿Daño cerebral? ¿Se va a poner bien? ¡Qué terrible accidente! ¡Qué desgracia, Oficial! ¡Una chica con tantas oportunidades! ¡Qué pena me da la pobre madre! ¡Claro, ya sé que grabó esta declaración! Sí, sí, estoy acá para ayudar. Llámeme cuando quiera. Ahora, por favor, espero que entienda que necesito un momento con mi hija. Adiós.

—*¡Lizzy, bombón!*

...

—*¡Tu amiga Britney no va a volver al colegio por un tiempo!*

...

—*Nena, ven al gimnasio conmigo esta tarde.*

...

—*¡¡¡Lizzy!!!*

...

—*Estoy harta de que siempre estés encerrada en tu cuarto. ¡¡¡Baja ahora mismo!!!*

...

—*¡Vamos, tenemos que sacarnos de encima ese pudin de vainilla!*

OSCURIDAD

Cuando acabe nuestra breve luz,
debemos dormir una noche eterna.
Dame mil besos, después otros cien,
luego otros mil, luego cien más,
después otros mil más, después otra vez cien.

Cayo Valerio Catulo, *Carmen 5*

Eva se despertó e inmediatamente recordó que era feliz. A pesar de las sombras confusas de la habitación esta vez no se trataba de un sueño. Kent estaba allí, dormido a su lado en el hotel que conservaba intacto el lujo de los años veinte. Eva había ansiado esta futura mirada al pasado. Había rememorado con anticipación el recuerdo que estaba a punto de crear, un recuerdo que pudiera atesorar con o sin él. Otro más de sus "recuerdos futuros". Eva imaginaba una experiencia hasta en sus más pequeños detalles y luego se proyectaba a sí misma ulteriormente recordando lo que todavía no había sucedido. Estos recuerdos soñados siempre se hacían realidad. Y este no sería la excepción.

Su corazón había acunado la imagen de esta noche durante meses. Sería la ilustración perfecta para su primera noche entera juntos, en la ciudad que los dos amaban y que nadie más percibía como su refugio secreto. Para crear el recuerdo Eva conjuró unos versos en latín. Una receta de Catulo para que los amantes pudieran sobrevivir la inevitable noche de la vejez y la muerte a través de cientos de besos de los que era demasiado fácil perder la cuenta. Eva adoraba el poema pero necesitaba agregar una imagen en la oscuridad.

Con la elegancia silenciosa de los gatos, escuchando los quejidos del viejo edificio y la plácida respiración de Kent, Eva levantó las cobijas. El recuerdo futuro la mostraba despertándose en el medio de la noche y caminando hacia la ventana, regodeándose en la paz del amor recién hecho mientras miraba los rascacielos de la isla. Pero temprano aquella tarde, cuando Kent abrió la puerta del cuarto, Eva se dio cuenta de que no habría edificios para ver. Su estrecha ventana daba a un pozo de luz gris y triste, un pasadizo de aire interior que solo le ofrecería un minúsculo cuadrado de cielo negro para decorar su recuerdo. Pero no le importó que no hubiera nada para ver. Por fin estaban juntos durante una noche eterna en la ciudad que era su mundo.

Tuvo cuidado de no pisar la ropa desperdigada y los zapatos, de no tropezar con las maletas todavía medio llenas. Deslizar los pies por el piso de madera en el silencio de la oscuridad le parecía un acto sagrado. Estaba desnuda, solo cubierta por la capa gris de la luz difusa filtrada a través de las cortinas. El rojo estridente de las uñas de sus pies acariciaba el antiguo parqué como una pluma, un rojo Chanel que Kent le había regalado mucho antes de atreverse a tocar la yema de sus dedos. Eva se sentía como otra Casandra entrando en el templo para verse con su amante, solo que esta vez ella ya lo había encontrado y no tenía miedo. El castigo iba a llegar pero la imagen permanecería. El equilibrio de la noche era muy fácil de romper, muy fácil despertar a los dioses.

Eva envolvió su cuerpo con las cortinas y miró hacia afuera. En la noche fresca de principios de mayo todas las ventanas estaban cerradas y todas las luces apagadas. Pero ella levantó la vista hacia el pequeño cuadrado de cielo en la esquina de East 39th y Madison y sonrió. Había atrapado su recuerdo, su perenne mariposa de amor dentro del pecho. Eva, una chica de veintisiete años, desnuda, perdidamente enamorada, en la cima del mundo, con el hombre de su vida. No importaba lo que el destino hubiera tramado, este minuto todavía sería suyo dentro de treinta años.

Eva se escurrió de vuelta en la cama y antes de rendirse se reclinó sobre su brazo derecho y miró a su amante, respirándolo, presionando la imagen de su cara en su corazón junto al cuadrado de cielo que ya había capturado. Y entonces se cantó una canción de cuna, susurrando el nombre de su hombre, como una falsa plegaria que le estuviera recitando al destino. Las cuatro letras del nombre del único hombre al que podía amar sin límites. Pronunciando los cuatro sonidos una y mil veces y luego cien más hasta que sus ojos se cerraron y su mente retrocedió hacia la noche perpetua que todos debemos dormir.

La luz trataba de forzar el camino a través de sus párpados cuando Eva se despertó. Todavía tenía el sabor del nombre de su amante en la lengua y su música en los oídos cuando los infinitos dolores comenzaron la diaria procesión sobre su cuerpo. Algo en su cabeza estaba empujando el cuadrado de cielo negro de Manhattan. Posiblemente la idea de que este era un día importante.

—Buenos días —dijo, tratando de no moverse bruscamente y de no forzar sus articulaciones—. ¿Estaba hablando dormida?

—¡Buenos días, princesa! ¡Felices bodas de plata! —sonrió su esposo.

—¿Princesa a los cincuenta y siete? Gracias, mi amor. ¿Y esa sonrisa tan rara? ¿Estaba hablando dormida?

—¿Hablando? No me di cuenta.

—Te quiero, Frank.

—Y yo te quiero más.

Frank besó el pelo de Eva decenas de veces y luego una más, la envolvió con su cuerpo y la adoró más en ese momento que en cualquiera de los últimos veinticinco años. Frank era un hombre sabio. Sabía que no existen las verdades sin secretos y que ninguna luz puede medirse sin el más leve atisbo de oscuridad.

RETOS

Y estando él sentado en el tribunal, su esposa le mandó decir: No tengas nada que ver con ese justo, porque hoy he padecido muchas cosas en sueños por causa de él.

Evangelio de San Mateo, Capítulo 27, Versículo 19

Piensa. Solo piensa atentamente. Olvídate de los *hombres sabios*. No prestes atención a la carta de tu esposa. Sabes muy bien que las mujeres son débiles y propensas a la argucia. Claro que no soñó con esta situación, con este hombre. ¿Cómo podría haber soñado con él? Las mujeres son demasiado sensibles y el capricho de los sentimientos manipula su voluntad. Tú puedes analizar el problema, tú eres hábil. Debes mantener el decoro. Tu esposa está lejos del hogar, lejos de la familia. Tú puedes soportar la distancia y los cambios, los has enfrentado casi toda tu vida. Si la autoridad suprema te envió a este rincón del mundo es por una razón. Este episodio no debería minar tu ejemplar camino hacia la gloria.

Considera las opciones. ¿Cómo podría perjudicarte llegar a un acuerdo con los *sabios*? La semana de celebraciones religiosas ha transcurrido en paz, hasta ahora. Quizás estén exigiendo un acto injusto pero evitará futuros disturbios. El poder que te ha sido otorgado debe ser administrado con mano firme y corazón cruel. No dejarás que intuyan tu vacilación. Es posible que tu esposa llore más tarde. Permítele otro de sus arrebatos sobre los mensajes divinos bordados en visiones nocturnas. Tendrás que lidiar con ella después. Las mujeres no cuentan. El deber está primero. Mantén la paz y la distancia entre los dilemas teológicos de esta gente y tu gobierno. Piden cierto tipo de justicia. Dásela. Aunque no puedas advertir sus razones. Aunque no puedas percibir un ápice de culpa en los ojos de ese pobre hombre.

¿Por qué no responde a las acusaciones? Sus ojos son una fosa de carbón y, aun cuando el miedo o la desesperación se agazapan para encenderlos de furia, él se mantiene en calma. Te mira desde el abismo de su resuelta obstinación. Tú sabes que es inocente, un alma despreciable y delirante, alimentada por aspiraciones de dominio o una fuerza todopoderosa. No constituye una amenaza a pesar de lo que estos hombres pseudoeducados temen. ¿Por qué no se defiende de semejantes calumnias? Actúa como si lo moviera un mandato soberano que ignorara el inminente castigo físico y una muerte horrenda. Delirio, engaño, obsesión, todos ellos dones de los dioses para disociarnos de la realidad. Dones que fueron entregados a Ulises y más tarde a Eneas. A tu propia esposa a través de sus sueños infantiles. Se rumorea que hasta tu Emperador tiene alucinaciones. Sus enemigos crecen a sus espaldas como las sombras de los árboles del bosque a medida que el sol abandona los cielos.

Pero aquí, esta mañana de fervor religioso, ¿quién es el más delirante? ¿Un grupo de ancianos que reclaman una decisión que tú no quieres tomar? ¿Este joven hombre rebelde que desafía tu poder, tus impuestos y tu espada y se hace llamar rey? ¿Eres tú el que está a punto de perder la cabeza en un lodazal de sangre que no debería derramarse solo para contentar a la mayoría?

Tú sabes. Hazles creer que ellos presiden la ejecución para que puedas continuar con los asuntos relevantes: orden y paz. Si alguna vez llega a saber de estas acciones necesarias Tiberio reconocerá la eficiencia de su oficial. Claudia regresará a su mundo de sueños proféticos mientras tú finges escucharla. El Sanedrín tendrá su arrogante víctima ajusticiada. ¿Y el pobre hombre desvalido de abismales ojos negros? Patético. Realmente digno de pena. El recuerdo de su ejecución no sobrevivirá más de tres días. La vida seguirá su curso en el vasto imperio de Roma. Hasta su nombre será olvidado, enterrado por el tiempo, y la chispa vital de sus ojos se extinguirá por causa del dolor y una muerte irredimible. Deja de lado tus innecesarias inquietudes. Sin lugar a dudas, tus manos permanecerán por siempre limpias, purificadas por la helada corriente del olvido.

HISTORIAS / PISOS

A Charles Eaton

Solo dos días después de haber llegado a la ciudad descubrí la plaza triangular en la intersección de Gold y Platt. Caminaba sin rumbo, buscando un nuevo café, y tropecé con la oxidada escultura geométrica que se parecía tanto a la que el héroe de mi novela inconclusa encuentra en el planeta Suadela al final del capítulo cuatro. Se erigía junto a un solo árbol, en medio de un enjambre de mesas de metal. En ese mismo momento decidí que esa pequeña plaza sería mi oficina habitual, la crucecita roja al final de la línea intermitente del mapa del tesoro de mi universo, donde finalizaría de una vez por todas mi primera novela de ciencia ficción que por tantos meses se había resistido a una conclusión. Mi amigo Patrick tenía que pasar tres meses en

Tokio para cerrar uno de sus grandes acuerdos y me ofreció su microscópico estudio en el Distrito Financiero: "¡Eh, James, haz la prueba! Si no puedes acabar ese libro con toda esta energía alrededor, no tengo idea de dónde vas a hacerlo". Así que compré un par de zapatos cómodos y empaqué mi diccionario y mi telescopio, uno para cazar palabras y el otro para perfilar las coordenadas del viaje de mi protagonista a través de las galaxias. Así aterricé en el centro neurálgico del mundo de los negocios para contar la historia de una sociedad diferente, mientras la gente como Patrick inyectaba contratos en las arterias económicas del mundo a unos pocos metros de distancia. Las estrellas de Patrick son verdes y crujientes, fluyen invisibles y en silencio de un banco a otro. Las mías también son silenciosas, reveladas por un telescopio y desparramadas en una novela que no parece encontrar la forma de su constelación.

Vi al Señor de los Anteojos Raros un jueves por la tarde. Caminaba por Gold Street hablando por un teléfono y mirando otro. Cargaba un bolso de cuero con algunos planos y parecía entusiasmado por la conversación que mantenía. Se detuvo en mi esquina y me dio así la oportunidad de admirarlo a mi antojo. Un poco más que de mediana edad, un poco pasado de peso, un poco común en su vestimenta y mucho pelo rubio casi cubriéndole un par de gafas de plástico verde que no combinaban con el resto de su imagen. Quizá fue por esos anteojos que me gustó de inmediato. Parecía alguien que jugara a ser serio pero no pudiera disimular completamente un sesgo extravagante y secreto de su personalidad. Como alguien que se pone un suéter de marca y la etiqueta con el precio de descuento asoma por detrás de su cuello, anunciando por accidente a todo el mundo que nada es lo que parece ser.

Pude escuchar lo suficiente de su conversación como para captar que se estaba quedando como siempre en el piso doce donde tenía suficiente luz para comparar planos y que la transacción había ido bien. Dada mi falta de inspiración y progreso, este hombre me llevaba varios escalones en la vida. Terminó de hablar, guardó los dos teléfonos y se dirigió al elegante hotel al otro lado de la calle. Otro anónimo hombre de negocios en uno de los infinitos viajes fortuitos que esta ciudad inspira.

Sucedió que él tenía una rutina tanto como yo y nada era accidental en ella. Dos semanas más tarde lo vi otra vez viniendo de Maiden Lane. Parecía fatigado y su paso era lento, aunque menos que el mío, todavía reptando hacia los últimos capítulos de la novela. Sus anteojos habían cambiado de color pero seguían sin acoplarse al resto de su indumentaria. Cuando entró al hotel, de golpe, sin razón aparente, sentí la extraña espina de la curiosidad, un hambre de seguirlo, de rastrear sus pasos. Ese hombre tenía algo que yo necesitaba aunque todavía no supiera qué.

Regresé al estudio para desafiar mi buena suerte. Si su cuarto de hotel daba a mi plaza podría verlo desde mi ventana a una cuadra de distancia. La gente suele pensar que todas esas ventanas de Wall Street son oficinas pero la última crisis convirtió muchos de esos edificios decrépitos en viviendas más asequibles para los jóvenes conquistadores del mundo financiero como Patrick. Tiré mi computadora sobre el sofá, revolví mi bolso en busca de la herramienta de la que abusaría por primera vez, me senté junto a mi ventana del piso dieciséis y esperé. El hotel tenía solo quince pisos y mi telescopio podía cubrir un rango muy superior al de la cuadra que nos separaba.

Quince minutos después gané la apuesta. El Señor de los Anteojos Raros abrió la puerta de su cuarto, dejó los planos sobre el escritorio, se quitó toda la ropa excepto los nuevos lentes azules y miró televisión desde la cama hasta la hora de cenar. Después, se puso un par de vaqueros flojos, una camisa rosa y se fue. Nada tan interesante como para transformarse en anécdota pero fascinante de todas formas.

No pasó nada en mi vida o en mi novela durante las próximas semanas. Cada diez días veía a mi nuevo amigo desprevenido, con sus anteojos impredecibles y teléfonos mellizos. Los planos iban y venían y las discusiones se llevaban a cabo por teléfono mientras iba camino a su hotel. Recuerdo haber pensado una vez que quizás estaría hablando con su esposa a esa hora del día pero, con los atentos ojos femeninos de un novelista, noté que no llevaba alianza. Evidentemente su existencia se reducía a los negocios, la televisión antes de cenar, algunos pares de anteojos coloridos y la tediosa marcha alrededor de la noria del tiempo. No tenía secretos para mí, imaginé.

Una tarde, a siete días de mi partida y todavía con tres capítulos incompletos para rematar una novela que no reflejaba mis sueños, un taxi se detuvo frente a mi mesa. El chofer dejó sobre la acera una maleta cubierta de calcomanías de diferentes flores. Grandes y pequeñas, abiertas y cerradas, infinitas flores psicodélicas danzando frenéticamente unas sobre otras sobre un fondo de cuero negro. Entonces ella surgió del taxi, madura y brillante, con una vincha verde sobre la melena roja que se le derramaba sobre la espalda como la capa de una reina. Levantó la vista hacia el hotel, se iluminó de placer, marcó su teléfono e hizo su entrada triunfal arrastrando su florido jardín privado de la manija. Casi pude sentir su perfume y envidié en ese instante al hombre que debía estar esperando su sonrisa franca. Su esposo, conjeturé, después de ver su anillo de casada.

Y entonces lo vi, mi anónimo amigo miope con sus anteojos verdes esta vez, regresando a una hora demasiado temprana para su rutina. Sonriendo mientras hablaba por teléfono, caminando más rápido que nunca e ingresando al hotel por la entrada lateral porque, evidentemente, la puerta giratoria le habría robado mucho tiempo.

Poco después los vi salir juntos, sin tocarse todavía. Ella mirando los edificios, fascinada, dando vueltas en torno a él y hablando en voz alta, él escuchando y dudoso, como si estuviera a un paso de acariciarle el pelo pero no se animara.

Esa noche las flores estrujaron los planos. Regresaron tarde al cuarto y, sin apagar las luces ni correr las cortinas, se desnudaron y se acostaron. Esta vez él se sacó los anteojos, que cayeron al suelo junto a la vincha verde. Sentí culpa, yo no tenía derecho a presenciar su secreto. Pero me maravillaba la idea de seguir la pista de un misterio que había presentido en sus anteojos locos tantas semanas atrás. Desnudos, solo con la divina cabellera roja para cubrirlos y una cajita de bombones para hacer que su dueña fuera aún más feliz, hablaron por una hora. Y se besaron suave y bruscamente mil veces y hablaron un poco más. Y cuando decidieron hacer el amor fue como la única melodía que supieran cantar juntos afinadamente o como el sendero que pudieran caminar de la mano con los ojos cerrados o la silueta de un gato que acariciaran cada noche sin pensar.

Se detuvieron muchas veces. Él para acariciarle el pelo, ella para dibujarle en la cara facciones más jóvenes con la varita mágica de su dedo pulgar. Imaginé que ella le preguntaba cuántas veces más él le haría el amor y que él le respondía que todas las que todavía les quedaban en la vida no serían suficientes. Y un hombre que me había parecido predecible se transformó en un héroe y una mujer que me había intrigado se volvió sublime. Supe que poseían un tesoro que yo nunca tendría. Yo sólo atesoraba palabras y estrellas. Ellos se tenían el uno al otro.

Después de que las luces se apagaron a la medianoche, empaqué mis pocas pertenencias, abrí mi computadora, borré de cuajo mi novela muerta al nacer y caminé hacia la puerta.

Al día siguiente, de vuelta en casa, comencé a escribir una historia real. Esta vez en la Tierra, coordenadas Gold y Platt.

HUMO

A Verónica Jiménez

—No voy a hablar. No quiero hablarle. No le voy a hablar nunca más.

—Está bien, Justin. No tienes que hablar conmigo ¿Quieres jugar a algún juego? No tenemos que hablar si jugamos.

Justin miró a la desagradable mujer de anteojos puntiagudos y el gran lunar debajo de la oreja derecha. Su mamá también tenía un lunar pero era uno precioso, justo debajo del labio inferior. A él le encantaba besar ese lunar. *Cuando sea grande y fuerte como mi papá, voy a hablar solamente con chicas lindas con lunares debajo de la boca.*

—No quiero jugar. No quiero hablar. Y *no* le voy a contar ningún secreto.

—Bueno, no hay problema. No tienes que hablar. Ni tienes que contarme ningún secreto. Los secretos son especiales. Los más especiales son los que solo comparten dos personas y nadie más.

—¿Y eso qué tiene de especial? —preguntó Justin, mirando a la mujer a los ojos por primera vez.

—Bueno, ¿tú tienes una pelota de béisbol?. ¿Puedes tirarte la pelota a ti mismo?

—No.

—Necesitas a otra persona para tirarle la pelota, ¿no?

—Sí.

—Los secretos especiales son así. Los más especiales son los que compartes con otra persona.

—Yo tengo una pelota de béisbol. Me la firmó Brian Barkly. Mi papá me la dio. Se tomó todo ese trabajo por mí. Es especial. Me gusta mirarla. No tengo que compartirla. No quiero compartirla.

—Parece una pelota única. Es tan especial que no quieres jugar con ella. Pero incluso siendo especial, si jugaras a tirártela a ti mismo, ¿te dolería el brazo, no? Si jugáramos a tirarnos la pelota ya no te dolería. Podemos hacer como que tus secretos son una pelota de béisbol. Tú los tiras y yo los atrapo.

Justin miró sus pies fijamente y movió los dedos a un lado y a otro varias veces. Se imaginó que sus pies eran el limpiaparabrisas del nuevo auto deportivo de su papá. Papá no se había dado cuenta cuando Justin pateó el paragolpes hacía dos semanas porque en ese momento estaba muy ocupado gritándole a Mamá, que estaba de mal humor.

—Si tiro mi secreto como una pelota lo puedo perder. Como cuando perdí el librito de oraciones que mi papá me dio para navidad, el que había sido de mi abuelo. Papá me dijo que ya era lo suficientemente grande para tenerlo y que así les iba a demostrar a él y a Mamá si era responsable. Mamá no dijo nada porque ella no habla mucho. Y cuando Papá descubrió lo que había pasado estuvo mucho tiempo furioso conmigo y todavía está enojado. Y tiene razón. Mi papá siempre tiene razón. Es muy inteligente.

—¿Qué pasó con el librito? ¿Lo perdiste?

—No me acuerdo.

—Ah, qué pena…

—Bueno… realmente no lo perdí…

—Oh. No lo perdiste. Entonces… todavía lo tienes.

—No. No existe. Y no quiero decirle nada más. Y si me pregunta qué hice con él no le voy a decir. Me quiero ir.

—Claro. Ya sé que quieres irte. No tienes que decirme qué pasó con el librito. Pero si quieres contarme no le diré nada a nadie. Ese es nuestro secreto especial. Te lo prometo. No voy a decirle nada a nadie. Ni siquiera a Papá o a Mamá.

Justin miró a la mujer otra vez, más hacia su oreja derecha que a los ojos. Odiaba su fealdad. Su instinto lo impulsaba a salir corriendo. Cuando él pateaba la silla, como había hecho durante los últimos quince minutos, Mamá siempre se ponía nerviosa. A esta mujer no le importaba. Podía seguir haciendo sus preguntas estúpidas sin parar. Era una persona grande, como todos los demás, y no podía esconder eso detrás de su voz de nenita. Justin no podía confiar en ella. Las personas grandes siempre estaban tratando de sonsacarle la verdad, diciéndole qué estaba bien y qué estaba mal. Él no le iba a decir qué había pasado con el libro o por qué había hecho lo que había hecho.

—Justin. ¿Justin? Quiero contarte un secreto. Tu papá me dio algo y te lo quiero mostrar. Dice que lo encontró en tu cuarto, el día después del accidente.

Las pupilas de Justin fueron del lunar al pequeño objeto azul rectangular. Por unos segundos no pudo pensar. ¿Cómo lo había encontrado? Su escondite supersecreto había sido concebido astutamente a prueba de adultos. Miró a la mujer a los ojos por segunda vez, apretó las mandíbulas y regresó al silencio de piedra que había antecedido a esta visita idiota.

—Tu papá dice que encontró esto en tu cuarto. Dice que estaba dentro del brazo de un muñeco Pokémon roto. Me parece un escondite fantástico. Al inspector ni se le ocurrió buscar ahí, así que no encontró nada. Tu papá dice que no va a mostrárselo al inspector. A lo mejor nuestro secreto especial podría ser por qué tenías esto en tu cuarto. Ya nadie puede salir lastimado, así que no hay problema.

El tono manipulador de la mujer combinado con la certeza de que le estaba preparando una trampa ridícula puso a Justin al borde del llanto. Bajó la mirada otra vez, golpeó las patas de la silla con ambos pies y mostró su indignación.

—¡Pokémon no es un muñeco! Pokémon es un personaje coleccionable. ¡Y mi papá sabe qué es eso y por qué lo robé!

—Muy bien. Quizá tu papá se confundió y no se acuerda por qué lo tomaste. A lo mejor solo quiere saber quién te lo dio. Pero, si quieres, ese puede ser nuestro secreto especial. No hay problema si lloras. Está bien.

—¡Ese es su encendedor! ¡Es suyo! ¡Él lo sabe!

—Bien. Este es el encendedor de tu papá. Se olvidó de decírmelo cuando me lo dio. Sólo me dijo que lo había encontrado en tu cuarto. Por ahí se olvidó de que era suyo, como nadie fuma en tu casa, ¿no?

De repente Justin comprendió todo. Llorar no tenía sentido y su deber era recomponerse. Ahora él tenía el poder y no esta psicóloga fisgona. A pesar de la rara obligación que su padre le confería, Justin vio la oportunidad de hacer que Papá lo perdonara. El jefe de la tribu estaba mandándole instrucciones cifradas, Justin era inteligente y responsable y las seguiría.

—No. Nadie fuma en mi casa.

—Perfecto. Nadie fuma en tu casa, ¿salvo tu papá

algunas veces?

—¡No! Mi papá no fuma. ¡Y yo no encontré el encendedor en casa! Lo encontré en la calle. Papá nunca fumaría porque Mamá se enojaría un montón y él la quiere mucho. Y yo no fui una persona responsable y mi papá tiene razón al estar furioso conmigo. Yo no quise quemar el librito de oraciones. Se prendió fuego solo. Y Mamá trató de apagarlo pero se quemó las manos y un poco la cara pero los doctores dicen que va a estar bien. Y mi papá no fuma, ese no es su encendedor. ¿Entendió?

La doctora Ballina cerró los ojos y los mantuvo cerrados una décima de segundo más de lo debido.

—Claro. No es su encendedor. Por supuesto. No te preocupes. Tienes razón, los doctores dijeron que tu mamá se va a poner bien. ¿Quieres un bombón antes de irte?

Justin tomó el bombón envuelto en papel plateado sabiendo que lo tiraría en cuanto estuviera fuera del consultorio. Esa mujer era obviamente una idiota pero la sesión había ido bien. Mamá nunca iba a saber nada. Y Papá quizá se olvidaría de sus cigarrillos. Convertir en cenizas el librito de oraciones de su abuelo había sido un error irreversible. Pero posiblemente el error se disipara ahora que había aprendido a leer las señales de humo de Papá.

FANTASMAS

Frida

Mi madre morirá mañana. Eso espero. No es que quiera que muera. Es que no puedo más. Por favor, Mamá.

Estoy tan aburrida. No me quedan más lágrimas. Quiero sentarme al sol, dar un paseo por el parque yo sola. Desde su ventana puedo ver un puñado de árboles florecidos. Hace un par de días la gente comenzó a aparecer con sus mantas y sus perros. No puedo verlos desde aquí pero sé que son más felices que yo. Ninguno de ellos está a los pies del lecho de muerte de su madre, escuchando sus estertores y rogando que su corazón abandone una fútil misión. Mi padre no está aquí, por supuesto, pero está, como siempre. En realidad estoy en esta habitación por su incapacidad para lidiar con la enfermedad y el dolor. Evidentemente esos votos no figuraban en su contrato matrimonial. Deben ser las ventajas de ser abogado. Así que la única hija del letrado, la que no pudo llegar a ser una ella misma por falta de pasión y de dedicación, tuvo que abandonar a sus dos pequeños hijos y a su esposo en los dulces suburbios y venir a su odiado Upper West Side para asegurarse de que su madre no muriera en soledad.

Tengo que ser una buena hija, no por ella sino por mi padre. Tengo que demostrarle que he alcanzado el éxito a mi manera. Tengo que probarle qué feliz soy con mi casita de campo en el bosque y mis niños y Dan, públicamente el impecable marido, en privado el padre de mis hijos, distante y melancólico. Detesto la idea de que mi padre me rescate una vez más. Sí, el ascenso de Dan en la oficina de Connecticut se debió probablemente a la influencia de Papá. Pero tengo que parar. Siempre tratando de ser perfecta y sintiéndome un fracaso. Quizá cuando Mamá muera se esfume la sofocante sombra de mi padre. Por favor, Mamá, muérete.

Markus

Qué buen chiste. ¿A quién tengo que aplaudir? Ni me molesté en mirar el nombre del bar cuando entré. Necesitaba tomar algo. Chelsea no es precisamente mi ámbito pero todos estos nuevos contratos inmobiliarios justifican el viaje. Esa vía de ferrocarril olvidada será mi camino dorado a la riqueza.

Me sirvieron el whisky sobre un posavasos con forma de calavera. Perfecto. —¿Avenida de la Muerte?¿Qué nombre es ese? —Así es como llamaban a esta calle en los años 20, señor, —obviamente no es la primera vez que el barman escucha la pregunta. Por supuesto. Mi mujer se está muriendo en casa y yo termino viniendo a la mismísima Avenida de la Muerte. Sin embargo, me hace sentir bien. Necesito un descanso de los patéticos ojos llorosos de mi hija en casa y de los mezquinos ojos de Steve, inyectados de sangre, en la oficina. Te odio, Steve. Ya casi no puedo esconderlo pero tengo que fingir que te debo una brillante carrera y todo lo que he aprendido. Ojalá este whisky pudiera hacerme olvidar de ti, omnipresente hijo de puta. Yo debería estar conduciendo esta empresa. Y la muerte un camión que te pasara por encima.

El Sr. Dolloway

Estoy cansado. Exhausto. ¿Qué hago aquí? Podría cruzar esa puerta y no volver nunca más. ¿A quién quiero impresionar? Cualquiera de esos tipos allá abajo se muere por tomar las riendas, incluso el mierdoso de Markus. Ya estoy demasiado viejo para tirar la vida en esta oficina, rodeado por una jauría de lobos listos para descuartizarme y atragantarse con cada pedazo sobre el parqué de la sala de conferencias. ¡Esta es mi empresa, imbéciles de mierda! Yo la fundé y todos ustedes son solo los peones que necesitaba para triunfar. ¿Pero saben qué? No me voy a ir tan pronto. Cuando finalmente lo haga, ella estará a cargo y no ustedes, idiotas. Sandy la sexy está lista para decirme que sí. Dejará de ser la abogada empresarial ascendente que todos ustedes ven en ella. Va a ser la nueva señora de Steve Dolloway. ¿No se lo vieron venir, no, conspiradores infames? Yo vi desde un principio que ella era capaz de tragarse la más repugnante propuesta a cambio de una migaja de poder. ¿No pueden ver la hora de que me jubile y me muera? Perfecto, pero no sin antes adobarles mi venganza.

Sandra

Tengo que parar y terminar este documento. ¿Me contrataron de niñera de estos tarados que ni siquiera pueden revisar la ortografía de los contratos que me mandan? Bueno, seguro que no me contrataron para que me pasara todo el día espiando el perfil de gente idiota. ¿Por qué estoy tan obsesionada con ella, con sus viajecitos hippies, su comida vegana y sus citas del Dalai Lama? Porque estoy obsesionada con el placer oculto de ver sus fotos en los Hamptons, su enorme culo apretado en el traje de baño y esos dientes, Dios mío. No tiene ni idea de lo que es el éxito. No sería capaz de ganar ni la décima parte de mis ingresos tratando los trastornos del habla de los mocosos ricos de Greenwich. Si acepto la propuesta asquerosa del viejo Steve, le voy a enseñar a Ellie lo que es el éxito desde mi propia mansión en los Hamptons. Habrá sido la reina del baile de graduación pero yo voy a reinar. Voy a reinar sobre mi vida, sobre la oficina, incluso sobre ti, Ellie, cuando vengas a mi fiesta de verano en la playa con tus uñas de los pies sin pintar. Basta. A trabajar.

Elizabeth

Le tengo miedo. A menudo me encuentro pensando más en ella que en él. Incluso sueño con ella. En mis sueños a veces somos amigas y nos sentamos y charlamos. Generalmente él es mudo en mis sueños pero ella habla articuladamente. Mayormente hablamos de él. Otras veces ella me mira desde lejos, desde un lugar elevado, una colina o una escalera mecánica. Una vez ella se escapaba de mí corriendo con un niño en cada mano. Gritaba que yo quería robar y matar a su familia cuando todo lo que yo quería era discutir la mejor terapia para el tartamudeo de Tommy. Ella está aquí todo el tiempo. Con suerte, Dan está conmigo una vez por semana. Aún entonces su espectro está en la cama entre los dos, entre su marido y yo todo el tiempo. Y después se queda y repta en mis sueños. Ojalá pudiera entender por qué un hombre con tanto amor para dar se queda con una mujer incapaz de recibirlo. Quiero tener al hombre de mi vida entre los brazos sin que ella nos esté respirando el aliento. Pero una vez más Dan no vendrá esta tarde. Está en casa cuidando a los niños, esperando que su suegra se muera para arreglar su vida rota. Nunca antes había advertido que vida rima con Frida.

Daniel

Dulces sueños, Tommy el Pirata. Que sueñes con los angelitos, Emma Principessa. Si no fuera por ustedes, mis niños, dejaría de servir a estos demonios. ¿Qué voy a hacer, Frida? ¿Cómo te lo voy a decir? ¿Cómo va a reaccionar tu padre? Será el fin de mi carrera. Bajo el pretexto de la reputación de su empresa el Señor Dolloway me despedirá calladamente. Sandra estará feliz de deshacerse finalmente de otro de sus empleados "incompetentes". Ni siquiera sé cuánto amo a mi dulce Ellie. Seguro mucho menos de lo que ella me ama a mí. ¿Tengo alguna opción? Dios, ¿dónde están todos esos planes de ser un alma libre? Mírenme ahora.

No soy ni la sombra en la pared de una cueva. Soy un fantasma en una tumba privada de perfección y vanidad. Como todos ellos. Como todos nosotros.

Una de Yapa
(como en la panadería)

ALTURAS

Y descendió mi querido amigo. No él, por supuesto, sino sus restos. Lo que quedó de un hombre al que admiraba y abrigué en mi corazón. Un hombre con el que compartí treinta años de amistad y con el que viajé a lugares que la mayoría no podría ubicar en el mapa. Fui el testigo directo de su arte y mi cámara el eco de la imagen que él quería que los otros recordaran. Él tocaba y yo lo registraba. ¿A quién seguiré ahora y cuál será el destino?

El ataúd no hizo ruido, una lágrima más sobre la absoluta injusticia de su muerte temprana a los sesenta y dos años. Mi amigo creaba música. Sus notas exquisitas emanaban de su antiguo violín como si con su arco estuviera acariciando la melena dorada de una diosa griega. Mi amigo no merecía un funeral silencioso ni las piedras que sus familiares y amigos trajeron. ¿Pero quién merece morir después de haber esparcido paz para las almas y belleza para el mundo a través de la generosidad de sus cuatro cuerdas?

El rabino comenzó sus cánticos, esas notas altas y bajas, indescifrables para mí. Yo seguí mirando al foso de ausencia que se había tragado a mi compañero, al césped húmedo que exhalaba vida irrefrenablemente y a todos esos pares de pies cubiertos de polvo, algunos golpeteando el suelo, otros turnándose en la prohibida carga del cansancio, uno a la vez, meciendo a sus dueños al ritmo de los fonemas hebreos. Solo sobresalían dos zapatos de mujer, ilesos de tierra, inconcebiblemente elegantes en el aura extraña del charol y sus tacones altos. Y también estaba el bastón. No se suelen ver zapatos como esos junto a un bastón. Pero los de ella sí.

No quise levantar la mirada. Temía confirmar al hacerlo que yo sería el protagonista del próximo funeral. Hace tres años que soy huérfano. Desde entonces me he sentido viejo. ¿Por qué la gente decide creer que los únicos huérfanos dignos de compasión son los más pequeños? Mis padres me abandonaron y ahora es el turno de mi mejor amigo. Estoy solo en su entierro, rodeado por decenas de personas que no puedo nombrar. Y estaré aún más solo cuando llegue a casa.

El bastón se deslizó casi imperceptiblemente y mis ojos siguieron el movimiento como si en ese gesto se escondiera un mensaje secreto que sólo yo pudiera descifrar. Sentí curiosidad pero no miré. Si Alice estuviera aquí me regañaría por esta distracción. No diría una sola palabra pero me apretaría el brazo suavemente. Alice puede percibir qué estoy mirando aun mientras sostiene una conversación trivial con gente necia. Le sería mucho más fácil durante un funeral silencioso.

El bastón volvió a moverse y se colocó entre los lustrosos zapatos de su dueña. ¿Quién era? ¿Por qué sentía tal urgencia de negar que ella fuera la más bella personificación de la Muerte que me extendía la mano? ¿Y si lo era? ¿Debía mirar?

Mi esposa ausente volvió a presionar mi brazo con su mano imaginaria. Hace mucho tiempo que Alice dejó de venir a los entierros. La falta de pasión de un matrimonio debería medirse según los eventos sociales de la vida del marido que la mujer decide ignorar. Las fiestas de negocios primero, las reuniones familiares después, el lecho mutuo y los funerales de los amigos queridos al final. Mi matrimonio se ha transformado en una secuencia de ausencias olvidadas y su silencio es más opresivo que el de un violín mudo abandonado por un músico que ya no existe.

De pronto los cánticos terminan. Estoy obligado a levantar la vista. No miro a la viuda sino a la enigmática portadora del bastón. Ella también me está mirando y el primer pensamiento incomprensible que me embiste es que no se trata de una personificación de la Muerte sino de una criatura de Botticelli que un vándalo ha profanado con una túnica negra. Me contempla con paz y en ese mismo momento una calidez que no había sentido en décadas anida entre mis pulmones. Sé que la he visto antes pero no sé quién es. Apenas sonríe. Es joven de una manera peligrosa, no porque sea demasiado joven sino porque quienquiera que no se atreva a besarla ahora dejará escapar para siempre la dulzura de una fruta perfectamente madura.

El funeral termina y la multitud comienza su marcha pero yo no... ni ella. Algunos minutos pasan en una progresión distorsionada. Ya no estoy seguro de cuánto tiempo tarda en pasar un minuto.

Ahora está a mi lado. La miro profundamente a los ojos, unos ojos azules que me hacen dudar de mi capacidad de nadar de vuelta a la realidad. Tiene el pelo de la diosa con el que mi amigo solía encordar su violín. Me extiende la mano y veo una larga cicatriz que rodea su brazo de marfil como alambre de púa.

—Me alegro de volver a verlo —dice con cuidado—. Soy Blanche Illy. Estudié con él por diez años hasta que tuve el accidente. Por supuesto usted no me recuerda.

No puedo decir nada porque a pesar de mi desamparo y de mi soledad, sí recuerdo quién es.

—Nunca voy a olvidar aquellas tardes de lecciones con el maestro. Usted estaba allí casi siempre. Yo tenía dieciséis años y ustedes... ¿treinta y cinco? Usted no me prestaba atención pero... muchas veces yo no tocaba para mi maestro... Tocaba para usted. Me pareció que era un buen momento para decírselo antes de que todos terminemos allá abajo.

Mi único propósito a esta altura es que se quede junto a mí.

—¿Tocarías otra vez? —atino a decir sin pensar.

—No, no creo —dice, mientras un leve rubor asalta sus mejillas.

—Pero ahora que eres toda una mujer me imagino que puedes revivir conmigo y una copa de vino algunos recuerdos compartidos.

—Sí, claro que puedo.

El sol de su cabello y el mar de sus ojos son los regalos póstumos que me envía mi amigo. Mi corazón asciende a las alturas dentro de mi pecho. Y sé que no estoy muerto y que no lo estaré por mucho tiempo.

ACKNOWLEDGMENTS

Thanks to my friend Linda Aland, who believed that I could write in her language and did not accept "No way! ¡Tú estás loca!" as an answer when she decided to introduce me to the Brainz group. Your energy and generosity are contagious. ¡Gracias, amiga!

Thanks to Ira "Eye" Lipson whose literary group Brainz has been giving people the encouragement to write every month for almost twenty years. Thank you for accepting me and for the magic of your random words.

Thanks to my generous editors and, more important, dearest friends, Quin Mathews and Thom Adams. This book could not exist without you, your comments, corrections, and wise suggestions. Thank you for your infinite time and patience, for all your love. Among all our language adventures, this one has been so far the most exciting for me. Gracias por ser mis amigos, por permitirme enseñarles y poner su corazón en cada proyecto. Los quiero mucho.

Thanks to Tara Lewis, who read the stories and helped tremendously with the editing. I still cannot understand where you find the time to do all that you do, but I am thankful that you are in my life as a friend, a student, and a lover of arts. Pick the next theater play. My treat this time!

Thanks to the smart brains and hearts that offered to read the stories beyond the eyes of my editors: Claudia Hochberg, the fairy godmother of this book, I cherish all those Indian food lunches, spicy food and spicy comments; Lois O'Neal, who years ago sent me an article about writers writing in other languages—you cannot imagine how much I value your comments and help; Heather Carlile, for your input as a psychologist and for being the wise queen of the world you are.

Thanks to my illustrator and designer, the great Rob Wilson. Since that first coffee together, I knew we were on the same page, literally and metaphorically. It is an honor for me to work with you. I hope many more projects bring us together soon. Coffee in New York, next time?

Thanks to Kris Hundt for your marvelous pictures, the lens of your soul makes the beauty of the world more evident.

Thanks to two women who, long before I started this dream, showed me that there is not a better way to pursue happiness than spreading your wings and flying high and higher without looking back, Jen Beck Seymour and Erin Cluley.

Thanks to my brother, Javier Martínez, to Charo Martínez, María Fernanda Leroy, Maureen Israelson, Lynette and Hedley Rakusin, Hank Garrett, Peter Lewin, Chris Brooks, Ken Perkowski, Byron Cryer, Chris Hendrix, Sara Savariego, Randy Randel, Brad Mahanay, the Tsioutsias Family, the Eades Family and Andrea Stoler. My world is richer and more beautiful because you are in it.

Thanks to Gabriela Meccia, who proved that twenty years may pass by without scratching one little bit the core nature of a friendship. Every one of your comments was a treasure.

Thanks to Verónica Jiménez (a.k.a. Diana Prince Jiménez) my best friend and chosen sister. Thank you for believing in me, for listening, for being patient, for never letting me down. You are in this book as a character and in many other ways. Thank you for reading the stories and finding those mistakes better than Sherlock Holmes.

Finally, my deepest gratitude to Josh Hochschuler. I wouldn't be here if it weren't for you. You did a mitzvah many years ago, and I will be in debt to you for the rest of my life.

ABOUT THE AUTHOR

FABIANA ELISA MARTÍNEZ was born and raised in Buenos Aires. From a very young age she showed a special interest in books and "words in other languages." Fabiana graduated with Honors from the UCA University in Buenos Aires with a degree of *Profesora en Letras* (Linguistics and World Literature). She soon started teaching Spanish as a second language and perfected her method which she has used to teach in preeminent international companies as well as to professionals from various countries. Fabiana speaks five languages: Spanish, English, French, Portuguese and Italian, and has degrees in Ancient Greek and Latin. She lives in Dallas with her husband Robert and her two cats, Philidor and Bastet.

Made in the USA
Charleston, SC
20 March 2016